Jochen H. Eberhardt/Klaus Frankenberger

Collie und Sheltie

Jochen H. Eberhardt
Klaus Frankenberger

Collie und Sheltie

Praktische Ratschläge
für Haltung, Pflege und Erziehung

Mit 48 Abbildungen, davon 37 farbig

Parey Buchverlag Berlin 2001

Parey Buchverlag im
Blackwell Wissenschafts-Verlag GmbH
Kurfürstendamm 57, 10707 Berlin
Firmiangasse 7, 1130 Wien

Blackwell Science Ltd
Osney Mead, Oxford, OX2 0EL, UK
25 John Street, London WC1N 2BL, UK
23 Ainslie Place, Edinburgh EH3 6AJ, UK

Munksgaard International Publishers Ltd
35 Nørre Søgade
1016 Kopenhagen K, Dänemark

Blackwell Science, Inc.
Commerce Place, 350 Main Street
Malden, Massachusetts 02148 5018, USA

Blackwell Science KK
MG Kodemmacho Building, 3F
7-10, Kodemmacho Nihonbashi,
Chuo-ku, Tokio 103-0001, Japan

Blackwell Science Asia Pty Ltd
54 University Street,
Carlton, Victoria 3053, Australien

Anschriften der Autoren:

Jochen Eberhardt
Ausserhalb 5
64653 Lorsch

Klaus Frankenberger
Auf der Höhe 4
51612 Birnbach/Westerwald

Gewährleistungsvermerk
In Anbetracht des ständigen Wissenszuwachses sowie der rasch voranschreitenden technischen Anforderungen und Entwicklungen haben sich der/die Verfasser/in dieses Buches intensiv bemüht, dem aktuellen Wissensstand Rechnung zu tragen. Insbesondere wurde das Werk in Einklang mit den geltenden Gesetzen, Verordnungen und Richtlinien verfaßt. Dennoch können weder der/die Verfasser/in noch der Verlag eine Garantie für die in diesem Werk enthaltenen Angaben übernehmen. Dem Leser wird daher dringend empfohlen, einschlägige Veröffentlichungen zu verfolgen und weitergehende Entwicklungen ergänzend in Betracht zu ziehen.

Das Kapitel „Gesundheit" wurde von Dr. med. vet. Peter Brehm, das Kapitel „Ernährung" von Dipl. vet. med. Lutz Salomon verfaßt.

Die Deutsche Bibliothek - CIP-Einheitsaufnahme

Collie und Sheltie : praktische Ratschläge für Haltung, Pflege und Erziehung / Jochen H. Eberhardt ; Klaus Frankenberger. [Das Kap. „Gesundheit" wurde von Peter Brehm verf., das Kap. „Ernährung" von Lutz Salomon]. – Berlin : Parey, 2001
(Der besondere Hund)
ISBN 3-8263-8500-4

e-mail: parey@blackwis.de
Internet: http://www.blackwell.de

ISBN 3-8263-8500-4 • Printed in Spain

Satz und Repro: Type Design GmbH, Berlin
Druck und Bindung: Grafos S. A.,
Arte sobre papel, Barcelona

Gedruckt auf chlorfrei gebleichtem Papier

Vorwort

Der Collie gehört zu den traditionsreichen und imposanten Gebrauchshunderassen der Landschaften Schottlands. Zur Begleitung und zum Schutz der Nutztierherden arbeiten sie unter widrigsten Witterungsumständen ausdauernd und unermüdlich. Wenn die Züchter es auch weiterhin weltweit schaffen, diese alten Gebrauchseigenschaften uneingeschränkt zu erhalten und, wo sie nicht mehr ausgeprägt sind, sie wiederherzustellen , ist der Collie sowohl ein beliebter Familienhund als auch ein loyaler Arbeitshund. Daß die langhaarige Varietät mit ihrem reichen Haarkleid so schön anzusehen ist, ist für den Besitzer eine wahre Freude, aber für die Rasse eher ein Hindernis und schädlich. Sie finden nähere Begründungen dazu in diesem Buch.

Der Sheltie ist ebenfalls eine naturnahe Rasse mit Talent für vielfältige Aufgaben. Hinter der modischen Fassade, die den Sheltie wie einen kleinen Collie erscheinen läßt, zeigt sich ein aufmerksamer und robuster Gebrauchshund, den man nur fördern muß, um einen kleinen, unverwechselbaren Familienhund zu haben.

Häufig sind zu diesen ältesten und interessantesten Hunderassen der Welt die Aussagen „Collie gleich Lassie, ein Wunderhund“ oder „Sheltie ist eine kleine Lassie“ anzutreffen. Diesen falschen Urteilen treten die Autoren mit diesem Buch entschieden entgegen. Den Hundeliebhabern und der breiten Öffentlichkeit werden ausführlich Wesen, Vorgaben des Standards und Bedingungen einer art- und rassegerechten Haltung vermittelt.

Jochen H. Eberhardt,
Lorsch April 2000

Klaus Frankenberger,
Birnbach April 2000

Inhalt

Woher alle Rassen kommen

Ahne aller Hunde ist vermutlich der Wolf. Die Expertinnen Beckmann und Beckmann haben in ihrem Buch „Vom aufrechten Menschen zum Hundehalter" hierzu sorgfältig recherchiert. Gewiß brachte der Wolf als Rudeltier mit familiärer Gruppenstruktur und streng hierarchischer Ordnung vorzügliche Grundvoraussetzungen mit, um zum Gefährten des Menschen zu werden. Die Geschichten vom Wolf sind lebendig geschrieben, anschaulich stellen Sie die gefühlsmäßige Bindung des Wolfes an den Menschen dar. Aus dem anfangs nur nützlichen Laufraubtier wurde bald das Familienmitglied.

Vermutungen über den Ursprung der Rassen, beim „Urhund" oder bei den ersten in loser Gesellschaft mit dem Menschen lebenden Wolfswelpen beginnend, werden immer wieder angestellt. Ob sie stimmen, weiß man nicht. Collie und Sheltie sind nur scheinbar weit vom Wolf entfernt. Wir entdecken bei diesen Hunden einen spitzen Fang und gestreckten Schädel, aber keine Stehohren wie beim Wolf, auch keine hellen Augen mit durchdringendem oder distanziertem Ausdruck; jedoch schlanke Knochen und eine magere, sehnige Gestalt, deren Größe nicht eindrucksvoll ist. Gleichwohl soll dem Leser, der ein Collie- und Sheltie-Buch liest, doch ein wenig über die Wurzeln der noch immer vorhandenen Bindung an Wolf und andere Hundeahnen gesagt werden. Es könnte – wie Herre, einer der kompetenten Forscher über die Entwicklung vom Wolf zum Haushund, ausführt – zum Beispiel so gewesen sein, daß anfangs einzelne Wolfswelpen zum „Test" bei den Menschen lebten, dann aber ganze Gruppen von Tieren von den „wilden" Wölfen abgegrenzt wurden und sich untereinander vermehrten. Interessant ist im Hinblick auf das sozial verträgliche Wesen der Hütehunde die Annahme Herres, daß sich aus dieser abgegrenzten Gruppe vornehmlich die ruhigen und weniger angriffsfreudig veranlagten Tiere stärker vermehrten. So trat allmählich auch ein Wandel des Grundcharakters der Wildart Wolf ein, der sich dann auch genetisch vollzog. Das Verhalten, das an die Nachfahren vererbt wurde, veränderte sich gründlich.

Wir können diese lange Entwicklungsspanne bis zu diesen Rassen nur mit Vermutungen ausfüllen, die jedoch wegen der beim Collie oder Sheltie gefundenen Eigenschaften den Hundekundigen sehr wahr erscheinen. Es gibt noch heute Hunderassen, die ihren Wolfsverwandten und anderen Urahnen gewiß ähnlicher sehen als der Collie und Sheltie. Wenn Sie Ihren Blick schärfen, können Sie auch in den heutigen Hunden diese Urahnen entdecken.

Wie alt sind Hunderassen überhaupt?

Die Hundeforscher haben sich darauf geeinigt, daß die Form der bei den Menschen lebenden Hunde zunächst durch ihre Aufgaben bestimmt wurde. Wer bei weiter Sicht zu jagendes Wild schnell erbeuten wollte, benötigte einen schnellen Hund. Die Windhunde wurden herausgezüchtet. Wer dem langsamen, verwundeten oder gefährlichen Wild nachstellen wollte, brauchte Hunde, die Wildfährten bedächtig und genau ausarbeiten.

Aber nicht alle Menschen blieben Jäger. Jene Menschen, die in Landschaften lebten, die gerodet wurden

Ch. Southport Sample, ein früher (1910) Championrüde modernen Typs (aus Barton, „Our Dogs", London)

oder die keinen Waldwuchs (Flußauen, Moore und Hochflächen) hatten, brauchten nicht mehr zu jagen. Fleisch und Felle zur Ernährung bzw. Bekleidung nahmen sie von den Weidetieren. Sie brauchten keine jagenden Hunde mehr.

Die seßhaft gewordenen Menschen brauchten nun Hunde, die den Weidetieren nicht gefährlich wurden, aber Raubtiere fernhielten oder durch Bellen Aufmerksamkeit erregten. Einzelne Hunde übernahmen sogar spezielle Aufgaben, so hielten sie Weidetiere zusammen oder trieben sie zu den Menschen.

Man darf sich nicht vorstellen, daß die Menschen bis etwa zum 11. Jahrhundert Hunde planmäßig paarten, und damit das taten, was wir heute „züchten“ nennen. Vielmehr wurden die talentierten und für den Gebrauch bestimmten Hunde ausgewählt. Weniger geeignete Hunde wurden totgeschlagen oder gegessen.

Die Formung und Benennung von Hunderassen hat erst in der zweiten Hälfte des 19. Jahrhunderts begonnen. Die meisten Standards der etwa 360 Hunderassen wurden kurz vor oder nach der Wende zum 20. Jahrhundert festgeschrieben. Es war die Folge der gestiegenen Wohlhabenheit in Europa, aber auch die Entdeckung der Geschichte als unverlierbarer Wurzel des eigenen Daseins. Dazu kam die romantische Entdeckung des Landlebens und der Natur. Hunderassen wurden als Kulturgut entdeckt.

Die Hunde der Bauern und Herdenhalter

Collie und Sheltie kommen beide aus dem bäuerlichen Milieu, auch wenn man ihnen das heute mitunter leider nicht mehr deutlich ansieht. Die Bauern der Britischen Inseln hatten sicher von Anfang an Hunde für zwei Hauptzwecke: Arbeiten an und mit der Herde und die Arbeit auf dem Hof, wobei dort ja auch der Umgang mit Nutz- und Weidetieren anfällt. Wie bei vielen anderen, heute als Familienrassen und hinsichtlich ihrer Lebensumstände als Luxusrassen zu betrachtenden Rassen entstammen sie robusten und in ihrem Erscheinungsbild nur nach Zufall differenzierten Hunden.

Bewicks „The Cur Dog", etwa 1770 entstanden (aus 1800 Woodcuts by Thomas Bewick and His School, New York 1962)

Hof- und Hirtenhund

Ein gutes Beispiel für die Fortentwicklung bäuerlicher Hundeformen ist hier die mögliche Weiterentwicklung des „Cur Dog", wie ihn Caius noch beschreibt, zum Kurzhaarcollie. Dies ist ganz gut abzulesen an Bewicks Holzschnitt, der ungefähr 200 Jahre nach Caius' Werk entstand, sowie an einer älteren Abbildung eines Kurzhaarcollies auf Seite 17.

Caius führte 1576 zum „Cur" aus, diese Hunde seien gemeinhin aus Hirtenhunden und Terriern entstanden. Er weist aber auf ihre ausgezeichnete Wachsamkeit und unbestechliche Treue hin: „Der Cur ist eine wohlbekannte Bedrohung des vorbeiziehenden Reisenden, besonders wenn er beritten oder in der Kutsche reist. Kaum hört er fremde Schritte, so stürzt er aus dem Hause und verfolgt den vermeintlichen Eindringling mit Kläffen und Schnappen, bis er meint, er habe den Feind vollständig in die Flucht geschlagen. Im Hause jedoch ist der Cur ebenso nützlich wie der Collie draußen auf den Hügeln, denn er ist genauso verständig und gelehrig, die Wünsche seines im Hause befindlichen Herrn zu erfüllen, wie der Hütehund auf

Mr. Robert Champman's Smooth Collie „Young Trim" (aus Gray, „The Dogs of Scotland", 1891)

den Hügeln. Sollten die beiden Hunde ihre Aufgaben für einen Tag oder zwei tauschen, so würde der Cur wohl mit den Schafen besser umgehen als der Hütehund seine Aufgaben im Hause erledigen wird." Caius erläutert danach plausibel, daß die Vielfältigkeit der Aufgaben, die der Hofhund erledigen muß, ihn flexibler und lernfähiger mache als den Hütehund, der nur die Arbeit auf den Weiden kennt.

Wir können also getrost annehmen, daß die heutigen Hütehunde aus Kreuzungen dieser beiden Spezialisten entstanden sind.

Hirtenhunde: Hütehunde und Herdenschutzhunde

Die Betreuung von Nutztierherden gelingt dem Menschen nicht allein. Wie im historischen Teil ausgeführt, waren hierfür viele Menschen erforderlich, so daß sich Herdenhaltung nicht mehr lohnte. Deshalb hat sich der Mensch als billigen und willigen Helfer den Hund genommen. Die Bauern und Schafhalter wählten diejenigen Hunde aus, die ihnen die Arbeit erleichterten. Die Hunde mußten lauffreudig und lernfähig sein. Bald zeigte sich, daß manche Hundefamilien immer wieder Einzeltiere hervorbrachten, die von Natur aus, einmal an die Herde gebracht, die Neigung hatten, die Tiere der Herden zusammenzutreiben und zusammenzuhalten.

Die kluge Zuchtwahl bestand darin, immer wieder Hunde mit diesen Neigungen zu verpaaren. Hunde, die sich an Herdentieren vergriffen oder die Ruhe in der Herde störten, mußten ebenso konsequent getötet werden wie diejenigen, die nicht schnell genug lernten oder zu selbständig handelten. Diese Auswahl sorgte dafür, daß die Hüteneigung der Hunde immer sicherer im Verhalten verankert wurde und nur in Ausnahmen zusätzlicher Erziehung bedurfte.

Der Fortschritt ging langsam vonstatten, war aber auch durch Seuchenzüge, die die Hundepopulationen immer wieder dezimierten, nicht aufzuhalten. Gleichzeitig sorgte diese Zuchtwahl der Herdenhalter dafür, daß nur Hunde überlebten und somit zur Weiterzucht zur Verfügung standen, die von robuster Gesundheit wa-

Mr. Thomas Gilholm's Rough Coated Collie „Tarquin" (aus Gray, „The Dogs of Scotland", 1891)

ren. Bis weit in das 20. Jahrhundert hinein war den Hundehaltern das Wort „Impfung" ein Fremdwort und für die Bauern nur ein zusätzlicher Kostenfaktor. Es vermehrten sich nur die Hunde, die ohne Hilfe überlebten. Überleben hieß auch, volle Leistung bei widrigsten Witterungsbedingungen zu erbringen, und zwar auch dann, wenn es nur Abfälle von den Hundehaltern und ein wenig Milch als Futter gab. Was da als „Rasse" entstand, war eine überlebenswillige und zähe Familie von Hunden ähnlichen Aussehens; denn für ihre Aufgabe brauchten sie dieselben Voraussetzungen körperlicher Art. Es gab kein Detail, das nur aus Gefallen oder als fixe Idee des Hundehalters entstand. Der Nutzen hinsichtlich Arbeit, Ausdauer und Robustheit stand immer im Vordergrund.

An ihren Aufgaben gemessen entstanden zwei Grundtypen des Hirtenhundes:

Der Hütehund. Dort, wo die Herdenhaltung einer intensiven Milchwirtschaft zur Herstellung von Butter und Käse dient, braucht man den arbeitstüchtigen, seinem Herrn ergebenen Hütehund. Er holt die Tiere zum Melken auch aus den entlegensten Ecken der Weideflächen hervor, oder hält sie am Platz bzw. treibt sie auf Befehl hin und her. Zu den Auftriebs- und Abtriebszeiten, den saisonalen wetterbedingten Wechseln der Herden aus den Höhen in die niederen Bereiche und umgekehrt ist ein Hütehund unersetzlich. Das unglaubliche Durchhaltevermögen kann nur mit äußerster körperlicher Fitneß erbracht werden. Entschlossenheit, angeborenes Talent und besondere Lernfähigkeit zeichnen diese Hunde aus. In der Tat bildete sich beim europäischen Hütehund durch die Bedingungen seiner Umgebung und die Anforderungen der Arbeit ein Verhalten aus, das von seiner Aufzucht bestimmt wurde. Josef Müller sagt dazu: „Der Hütehund wird ganz anders sozialisiert: Er wächst getrennt von der Herde auf, darf aber Sicht-, Hör- und Riechkontakt zu ihr haben. Nur darf er als Welpe nie mitten in der Herde sein, wie er später auch fast nie die Herde teilen darf, jedenfalls nicht als kontinentaler Hütehund. ... Der kontinentale Hütehund hat sich der Herde energisch zu nähern, er muß sich Respekt verschaffen, muß er sie doch leiten oder von Irrwegen abhalten. ... Er darf nie phlegmatisch wirken, weil die Herde ihn dann nicht ernst nimmt. Der Hütehund ist fast in jeder Hinsicht das Gegenteil des Herdenschutzhundes: deutlich kleiner, wendiger, impulsiver und gleichzeitig führiger."

Der Herdenschutzhund. Auch er ist geprägt von den Umständen, unter denen er lebt. Während in vielen dünnbesiedelten Gegenden der Erde Herden mit nur gelegentlichen Besuchen durch ihre Besitzer und Hirten leben, werden andere Herden täglich aufgesucht. In den einsamen Bergregionen der Türkei und Zentralasiens sind daher Herdenschutzhunde bei und in den Herden, die sich durch große Wehrhaftigkeit auszeichnen. Sie sind auch meist nur zu zweit und in engen Familiengruppen bei den Herden. Das führt dazu, daß solche Rassen zu leicht aufflammender Aggression gegenüber anderen Hunden neigen. Selbstbewußt und unerschütterlich sind sie in der Verteidigung dessen, was sie als ihnen anvertraut betrachten, ein Erbe, das sie als Hunde für die Haltung in dichtbesiedelten Gebieten nur bedingt geeignet macht. In den schon dichter bevölkerten Regionen der europäischen Hoch- und Mittelgebirge kann der Hirte Hunde mit so deutlicher Abgrenzung zu Menschen nicht gebrauchen. Hier herrschen die vorwiegend weißen Herdenschutzhunde vor, die es in vielen europäischen Ländern in ähnlicher Form gibt. Diese haben sich erst spät regional oder sogar national differenziert. In Frankreich und Spanien gibt es die Rassen Mastiff und Pyrenäen-Berghund, in Italien Maremmen-Abruzzen-Schäferhund sowie in den Ländern des europäischen Ostens die Gruppen der Podhale-Schäferhunde bzw. die Rassen Komondor und der Kuvasz. Sie bewahren die Nutztierherden vor Diebstählen und Raubtieren. Diese Rassen sind von Alters her weiß und nehmen bald die Farbe der übrigen Schafe an. Die Schafe betrachten sie fast als ihresgleichen. Die Hunde wachsen in und mit den Herden auf und sind auf große Gelassenheit gezüchtet. Ihr einziger menschlicher Bezug ist der zum Schäfer. Sie weisen eine eindrucksvolle Masse auf, die Räubern und Eindringlingen Angst macht. Mäßige Bewegungslust hängt mit Größe und Temperament der Tiere zusammen. Und wie verhält es sich mit der Sozialisation? Findet sie vornehmlich mit den Tieren der Herden, die dem Urahn aller Hunde, dem Wolf, bevorzugte Beute waren, statt? Ganz richtig sagt Josef Müller: „Durch diese Sozialisation wird er (gemeint ist der Herdenschutzhund) selbst sich immer mehr zum bellenden Schaf entwickeln. Er wird als erwachsener Herdenschutzhund Rücken an Rücken mit seinen Schafen liegen und dösen, wenn diese wiederkäuen. Erst wenn seiner Herde Gefahr droht, und die erkennt er auf weite Distanz, wird er wieder zum Hund, zum Schutzhund." In Schottland und auf den Shetland-Inseln leben die Menschen nahe genug an den Herden, um sie täglich besuchen und betreuen zu können. So ist also kein Bedarf an einem Herdenschutzhund. Die gelegentliche Abwehr eines Fremden muß der Hütehund mit übernehmen.

Kurz- und Langhaarcollie (aus Vero Shaws Buch, 1894)

Der Weg des Hütehundes ins Haus – eine Karriere?

Dieses Kapitel kann mit einer Schlagzeile begonnen werden: Hunderassen werden Mode! In der zweiten Hälfte des 19. Jahrhunderts und den ersten Jahrzehnten des 20. Jahrhunderts beeinflußte die plötzliche Entdeckung der Natur und die Hinwendung zu ihr durch das wohlhabende Bürgertum auch die Entwicklung der Hunderassen.

In dieser Zeit des Demokratisierungsprozesses hatten jetzt auch Bürger Zugang zu gesellschaftlichen Bereichen, die den Adligen vorbehalten waren, z. B. die Beteiligung an Jagden. Das betraf natürlich nicht allein die Ausübung der Jagd, sondern auch das Erlernen und Mitteilen der Erfahrungsschätze mit umfassenden Naturschilderungen. Es war eines der adligen Privilegien gewesen, mit Hunden zu jagen. Das Bürgertum hatte bis dahin den Hund entweder nur als Helfer in der Landwirtschaft oder in Form kleiner Hunde als Gesellschafter und Accessoire wohlhabender Damen wahrgenommen. Nun kam der Jagdhund dazu, der als erster zum modischen Begleiter wohlhabender Bürger wurde. Zusammen mit einer romantischen Wahrnehmung der naturnahen Lebensbereiche rückten in dieser Zeit auch die Hirtenhunde in den Mittelpunkt des Interesses des Bürgertums. Das Züchten und Ausstellen von Hunden entwickelte sich als gesellschaftlich anerkannter „Sport".

Wenn Tierarten, die seit langer Zeit unter strenger, nämlich ausschließlich nutzungsorientierter Selektion lebten, in vergleichsweise paradiesische Lebensumstände übernommen werden, ist dies nicht nur von Vorteil für die Art. Zum einen werden nun nicht mehr die nützlichsten, sondern die nach Meinung der Rasseliebhaber bestenfalls funktional am besten gebauten oder sogar „schönsten" Hunde zur Weiterzucht ausgewählt. Die Karriere des Hirtenhundes – in unserem Fall der Hütehunde Collie und Sheltie – war für ihre internationale Bekanntheit und Verbreitung positiv, aber leider in den meisten Fällen eine Karriere von der Weide aufs Sofa und damit eine Sackgasse. So vermehrten sich in erster Linie nicht die Collies und Shelties mit der besten Hüte- und Arbeitsleistung, sondern die mit der schönsten Anmutung.

In Richard Strebels Werk heißt es: „Der Collie ist heute überwiegend Luxushund geworden. Alles, was ihn zu dieser glänzenden Erscheinung in der Hundewelt gemacht, sind Eigen-

Schon 1880 war die Tendenz zu erkennen, daß das Haarkleid immer reicher wurde: Langhaarcollie „Woodmansterne Derek" des Geistlichen Hans F. Hamilton (aus „The Painting by Lilian Cheviot")

schaften, die ihm als Hirten nicht gut anstehen, so vor allen Dingen das übermäßig reiche Haarkleid. Kaum wird jemand in der heutigen Größe den Arbeitshund früherer Zeiten erkennen." Selbst wenn eine Rasse über Jahrhunderte gnadenlos nutzungsorientiert selektiert und damit eine gewisse Robustheit erreicht wurde, ging es nun in den Händen der Schönheitszüchter mit der Rasse abwärts. Die Autoren sind im nachhinein sehr skeptisch, ob es ein guter Tausch war, daß die sicher heterogen aussehenden Hütehunde nun wunderbar gestreckte Köpfe eines international vereinheitlichten Typs hatten, dafür aber kein zuverlässiges Nervenkostüm mehr. Es muß den Züchtern heute ein Anliegen sein, daß diese Hunde funktional, aber auch – was viel wichtiger ist – mental und in ihrem Nervenkostüm so weitergezüchtet werden, wie sie von den Hirten geformt wurden. In diesem Sinne ist auch international zu kooperieren. Eine Führungsrolle der Züchter von den Britischen Inseln ist allerdings in diesem Bemühen noch abzuwarten.

Gemeinsame Rassegeschichte von Collie und Sheltie

Schottland, Heimat und Biotop des Collies

Hunderassen sind ein Produkt der Umgebung, aus der sie stammen, und der Arbeitsanforderungen, die an sie gestellt wurden. Ihr Erscheinungsbild und ihre Fähigkeiten spiegeln auch noch nach Generationen ihre ursprüngliche Aufgabe wider. Der Collie kommt aus Schottland. Schottland ist der nördlichste Teil der vier Teile des Vereinigten Königreichs und umfaßt etwa ein Drittel der Fläche Großbritanniens. Im Süden grenzt England an, die anderen drei Seiten sind vom Atlantischen Ozean im Norden und Westen und von der Nordsee im Osten umgeben. Das schottische Festland ist etwas über 73 000 km^2 groß, dazu kommt die Fläche der hauptsächlich im Norden gelegenen, bewohnten schottischen Inseln. Schottland ist insgesamt gebirgig, und der größte Anteil seiner Fläche ist von Grasland und Büschen bedeckt. Torfmoos, durchmischt mit Heidekraut und Ginster, bedeckt etwa ein Zehntel der Fläche der Hochmoore und Senken.

Schottland hat im Verhältnis zu seiner nördlichen Lage zwar mildes Meeresklima, aber die meisten Teile Schottlands erfahren viele Niederschläge und das macht die Witterungsbelastung für Mensch und Tier aus. Insbesondere auf der Westseite kommt der Atlantik durch tiefe Einschnitte im Festland so weit herein, daß man meist nicht weiter als 70 km vom Meer entfernt ist. Das führt zu einem feuchten, frischen und oft auch rauhen Wetter. So ist die Durchschnittstemperatur in Dundee an der Ostküste im Winter 5 °C, im wärmsten Sommermonat 15 °C.

Die „Scots“, ein keltischer Volksstamm, der aus Irland kam, besiedelten die Westküste im 5. Jahrhundert, nach ihnen ist Schottland benannt. Die Zähigkeit, das Beharrungsvermögen und der Stolz dieser Menschen auf ihr unbeugsames Überleben unter widrigsten Bedingungen ist unverlierbares Erbe. Trotz des Verlustes der Unabhängigkeit von England 1707 besteht dieses Erbe in der schottischen Volksseele fort. Auch wenn Schottland heute nur etwa 5 Mio. Einwohner hat, so sind weltweit Millionen von Menschen stolz auf ihre schottische Herkunft. Während Schottland neben der heute wichtigsten Branche, der Erdölförderung in der Nordsee, immer noch Kohleabbau betreibt und die Fischerei Schottlands zwei Drittel der britischen Fänge einholt, ist Landwirtschaft in manchen Regionen der Haupterwerbszweig. Hier ist der Collie entstanden.

In den südlichen, hochgelegenen Landesteilen und im Hochland ist die Haltung von Gebirgsschaf-Rassen oft der einzige Broterwerb der Farmer. Schon vor gut 100 Jahren war klar, daß Schafhaltung, wie Gray bestätigt, unter solchen Umständen ohne Hütehunde nicht denkbar ist: Die Zeitschrift „Ettrick Shepherd" stellt etwa 1885 fest, „...daß ohne Hütehunde die ganzen offenen Flächen der Bergregionen Schottlands keinen Sixpence wert wären. Man würde mehr Helfer brauchen, um die Schafherden zu betreuen, sie von den Bergen in die Häuser und Pferche herunter und auf die Märkte zu treiben als der gesamte Gewinn aus der Viehhaltung erlaubt."

Aber auch in den Landschaften des Nordostens, wo Nutzviehhaltung und Futteranbau für Nutztiere vorherrschen, wird der Hütehund gebraucht. Thomas Bewick (1753 bis 1828), der Künstler, der im 18. Jahrhundert die Kunst des Holzschnitts in Großbritannien neu belebte und dessen Darstellungen den Beginn der Rassegeschichte illustrieren, sagte 1790 in seiner „General History of Quadrupeds", also einer „Allgemeinen Geschichte der Vierfüßer": „Dieses nützliche Tier, seiner Aufgabe stets loyal ergeben, beherrscht die Herde von ihrer Spitze aus. Dort hört man es nicht nur besser, sondern es wird ihm auch besser gehorcht als gar der Stimme des Schafhirten. In jenen weiten Landschaften, die nur als Weide für Schafe und Rinder genutzt werden, ist dieses wilde Tier von ausnehmender Bedeutung. Man sieht, soweit das Auge reicht, immerzu riesige Herden über diese weiten und naturbelassenen Landstriche ziehen und nur scheinbar beaufsichtigt sie keiner. Es führt sie nur der Schafhirte, dem sein treuer Hund zur Seite steht, Begleiter der Mühen seiner täglichen Arbeit. Er nimmt seine Befehle auf und führt sie stets sofort aus. Er ist der unermüdliche Wächter seiner Herde, hindert sie daran, sich zu verlaufen, hält sie zusammen, treibt sie von einem Teil der Weide zum anderen. Er wird nicht dulden, daß sich fremde Tiere in die Herde mischen und hält Eindringlinge mit Sorgfalt fern. Beim Treiben der Herde über weite Entfernungen wird ein wohlerzogener Hund sie stets auf der Straße halten und sie am Einbiegen in Nebenwege abhalten, indem er drohend dort Aufstellung nimmt. Tiere, die sich von der Herde absondern, verfolgt er und bringt sie zur Räson, ohne sie zu verletzen. Der Hirte kann sich sogar von der Herde entfernen; sein treuer Hund wird die Herde beisammenhalten. Und hört er den wohlbekannten Ruf seines Herrn, wird er ihm die Herde über weiteste Entfernungen zutreiben." Nach einem Exkurs zu den doppelten Afterkrallen bei den Hirtenhunden, die wir im Kapitel über den Rassestandard ansprechen, beschließt Bewick seinen Text wie folgt: „Diese Hunderasse scheint gegenwärtig in großer Rassereinheit in den nördlichen Gegenden Schottlands erhalten zu sein; hier ist ihre Hilfe unentbehrlich, um die zahlreichen Schafherden, die in diesen großen wilden Gebieten gezüchtet werden, zu betreuen."

Welche Wertschätzung der Hütehund auch noch an der Wende zum 20. Jahrhundert erfuhr, beschreibt Gray als romantischer Verehrer des Collies mit den folgenden Ausführungen: „Der Collie ist seiner Erscheinung nach verschiedenen Rassen der wilden Hunde am ähnlichsten. Daher haben ihn einige Naturforscher an die Spitze unserer Haushunderassen gestellt und ihn zum Ahnherrn aller unserer Varietäten erklärt." Er verweist darauf, daß der große Charles Darwin diese Meinung (1859) auch vertrete und auch Buffon (1749) überzeugt gewesen sei, daß „der Hund des Hirten" ein sehr naturnaher Hund sei und als Modell seiner Art insgesamt gelten könne. Gray fährt fort, daß in allen Varietäten des Hirtenhunds Wildheit und hohe Intelligenz hervorstechende Eigenschaften seien: „Ein gut abgerichteter Collie wird, wenn er außer Reichweite der Stimme seines Herrn ist, vollständig nur nach den von ihm gegebenen Zeichen arbeiten und jeder Geste gehorchen, als wenn er die Kommandos aus seines Herrn Mund hörte. Der Hund ist ganz seiner Arbeit ergeben und bei der Arbeit am allerglücklichsten. Sonst von sonderlicher Zurückhaltung, kann man ihn nur dann begreifen, wenn man ihn bei der Arbeit sieht. Nun zeigt er alle seine Fähigkeiten und Energie und es muß schon ein besonders schlechtes Exemplar sein, wenn man ihn am Ende des Tages nicht für ein wirklich weises Tier hält." Gray schildert höchst lebendig ein fiktives Zusammentreffen mit einem Hirten und seinen Hunden: „Du näherst Dich dem Hirten am Bergeshang; neben ihm liegen seine Collies, Glen und Lassie. Glen ist ein Dreifarbiger, mit schwarzem Körper, weißem Halsring und Füßen, weißer Rutenspitze, braunen Wangen und einer deutlichen weißen Blesse im Gesicht. Lassie ist ein kleiner Hund mit Schwarz und einem rußigen Braun, mit weißer Brust und Pfoten. Sobald Du herankommst, knurrt Lassie wütend und Glen erhebt sich mit gesträubtem Nackenhaar, beäugt Dich mißtrauisch. Ein Wort des Hirten läßt sie ein wenig zurückweichen. Schon bald, und Du hast mit dem Hirten noch nicht lange gesprochen, werden die Hunde, die sich schon wieder niedergelegt haben, nicht zu Dir herkommen, sondern daliegen und Dich mit ihren schräggestellten, listigen Augen mißtrauisch betrachten. Du fragst den Hirten, warum das so ist und er wird Dir antworten, daß diese Hunde nur ihrem Herrn und damit ihm gehorchen. ‚Ein Hund soll immer nur einen Herrn haben!‘, wird der Hirte sagen, ‚und wenn es sich um Collies, Arbeitscollies handelt, dürfen sie nur einen Herrn haben, der sie, wenn er seine Hunde so liebt wie er müßte, zu seinen ständigen Begleitern macht. Jawohl, mein Herr, ich sag's Ihnen‘, hier hält der Hirte plötzlich inne und ruft, nachdem er gegen die Sonne blickend seine Augen mit der Hand beschattet hat: ‚Was spielt sich denn da ab? Ich glaub' gar, daß da Laird Mclarens Schafe über den Zaun gesprungen sind! Lauf, Lassie, geh hin und bring sie zurück!‘ “ Sofort ist Lassie auf den Beinen und als ob sie genau verstanden hätte, was von ihr erwartet wird, rennt sie mit Höchstgeschwindigkeit den Berghang hinunter und auf eine Baumgruppe zu, die etwa 700 Meter weiter entfernt liegt. Ein scharfer Pfiff des Hirten (den er zwischen dem ersten und dritten Finger hervorbringt, die er in den Mund steckt) läßt Lassie unvermittelt anhalten und als sie für ein neues Kommando zurückblickt, bedeutet er ihr, daß sie sich gen Westen halten soll. Sofort folgt der Hund dem Befehl. Nun ist sie im Gestrüpp verschwunden, rennt durch den Tümpel, was bei diesem trockenen Wetter nicht schwer ist, und den gegenüberliegenden Hügel wieder hoch. Jetzt sehen die Schafe sie kommen und laufen gleich in Vorahnung ihres Fehlers in Richtung des Zaunstücks, wo sie darüber gesprungen waren. Bis Lassie dort ist, sind alle Schafe wieder zurückgesprungen, aber Lassie springt durch den Zaun und treibt die Schafe weit den Hügel hinauf, bis ihn ein Pfiff des Hirten halten läßt. Dann trottet sie gelassen zurück, trinkt auf dem Wege am Tümpel, um sich dann ganz ins Wasser zu legen bis sie fast ganz überspült ist und kehrt schließlich zurück um sich im Gras neben Glen niederzulassen, der das Ganze mit Interesse beobachtet hat.

Dies ist nur eine der Aufgaben, die ein Collie verrichten muß. Bei anderer Gelegenheit wird er ausgesandt, um die Schafe zusammenzutreiben, und sie zum Hirten zu bringen. Und wenn ein fremdes Schaf zwischen die eigenen geraten ist, ist es seine Pflicht, es herauszusuchen. Dazu springt er im Pferch oft auf die Rücken der Schafe und bleibt bei dem fremden Schaf, versucht es gar niederzuwerfen, bis der Hirte herangekommen ist. Beim Herabtreiben der Herden von den Bergen, zum Markt oder aus den Rübenfeldern leistet der Collie wertvolle Arbeit. Der Hirte geht hinter, der Collie vor der Herde. Kommt der Hund zu einer Wegabzweigung oder zu irgendeiner anderen Lücke, wo die Herde vom Wege abkommen könnte, bleibt er dort stehen, bis alle

Schafe vorbei sind, dann schlägt er einen weiten Bogen, bis er wieder vor der Herde ist und so weiter, bis die Herde ihre Bestimmung erreicht hat. Wer ihn auch immer bei seiner Arbeit sieht, hat keine Zweifel, daß der Hund dabei glücklich ist. Seine Augen funkeln, seine Ohren sind halb aufgerichtet, seine Rute wird fröhlich getragen; und alle diese Zeit achtet er auf nichts anderes als auf die Befehle seines Herrn.

Wiederum schreibt Gray 1891: „Auch wenn der Collie im wesentlichen der Hund der Hirten ist, so ist seine Berufung hierauf nicht beschränkt. Tatsächlich übersteigt die Anzahl der Collies, die von Ackerbauern gehalten werden, ganz ungeachtet derjenigen Hunde, die als Schau- oder Familienhunde gehalten werden, die der Hütehunde bei weitem. Und gerade auf den Höfen des Tieflands glänzt der Collie mit allen seinen Talenten. Hier hat er ebenso viele wie verschiedene Pflichten und so hat er mehr Gelegenheit, all jene seltenen Talente, die ihm von der Natur aus zugefallen sind zu entwickeln. Begleiten Sie uns, lieber Leser, in Gedanken auf einen im Tiefland gelegenen Hof an einem Sommertag. Der Hof ist gerade erst erwacht. Die Männer sind alle schon aufs Feld gegangen, die Magd treibt die Kühe auf die Weide. Dabei hilft ihr der Collie. Sie läuft zurück zum Hof und läßt die jungen Ochsen auf die Kuhkoppel. Dabei entwischt das Schwein aus seinem Stall. Die Magd schreit: Zurück! und schon ist der Collie bei dem Ausreißer, beißt sich an seinem Ohr fest und zerrt ihn in den Stall zurück. Das kommt oft vor. Und weil das Schwein das nicht mag, daß es am Ohr gezerrt wird, lernt es bald, daß es sofort nach dem Zuruf in seinen Stall zurückläuft, wobei es laut und ängstlich grunzt, weil es fürchtet, daß der Collie es wieder ins Ohr beißt. Nun kehrt ein wenig Ruhe ein, die Magd wäscht die Milcheimer aus und bereitet das Mittagsmahl vor, und so lange liegt der Collie zusammengerollt an der Küchentür. Ein Landstreicher mag dann vorbeikommen, aber er traut sich nicht zur Tür, solange der Collie dort liegt; weil die Magd sich nicht um sein Rufen kümmert, trollt er sich bald unter Segenssprüchen oder Flüchen. Nun fällt der Magd plötzlich ein, daß sie aufpassen soll, daß die Krähen nicht in die jungen Kartoffelpflanzen kommen. Sie ruft: Scheuch die Krähen, Rover! – und Rover, der sehr wohl weiß, was gemeint ist, ist sogleich dort und verjagt jeden schwarzen Übeltäter vom Feld. Nur fürchten ihn die Krähen nicht sonderlich und fliegen nur bis zum nächsten Baum, bis der Collie wieder verschwunden ist, um ihr Festmahl ungestört fortzusetzen. Das bedeutet, daß der Collie diese Arbeit viele Male am Tag verrichten muß. Nun müssen die Kühe zurück in den Stall zum Melken. Da geht die Magd nur bis zur Weide und öffnet das Tor, der Collie bringt die Herde schon herein, auch wenn sie weit am anderen Ende der Weide steht. Selbst wenn Kühe, Jungochsen, selbst Pferde alle zusammen auf einer Weide stehen, versteht ein gut abgerichteter Collie das Kommando, was er hereinbringen und was draußen lassen soll. Einer unserer Freunde hatte einen solchen Collie, der im Haus den Befehl bekam und alleine ging und nur das hereintrieb, was ihm gesagt worden war. Nach dem Mittagessen legt sich der Bauer kurz zu einem Schläfchen nieder, geht danach wieder aufs Feld. Später am Nachmittag kommt er wieder und holt Rover; denn die Kühe sind von der Weide auf die Obstwiesen ausgebrochen, wo es schattig ist und keine Bremsen stechen. Wegen der Bremsen wollen sie überhaupt nicht zurück auf die Weide, aber Rover bringt sie ganz alleine zurück. Dies sind nur einige der vielen Dienste, bei denen der Collie hilft. Auf dem Hof wird seine Arbeit nicht so hoch eingeschätzt. Nachts schläft er in irgendeinem Schuppen oder draußen im Gras, wenn es warm ist. Keiner kann sich dem Hof nähern, ohne daß der Collie das hört und Alarm schlägt. Er wird, wenn er nicht gereizt wird, nicht angreifen, aber wehe, einer schlägt nach ihm! Einige Collies sind gute Raubzeugvertilger, aber andere höchst unnütz für diese Arbeit. Wir haben Collies gesehen, die es im Rattentöten mit jedem Terrier aufnähmen, aber auch welche, die hier gar nichts vermochten: Sie fingen die Ratten ohne Zögern, waren aber nicht in der Lage, sie zu töten, so daß diese unversehrt wegrannten, wenn sie das Maul wieder öffneten."

Wie bei Arbeitsrassen nicht verwunderlich, verging einige Zeit, bis die Form und das typische Aussehen des Collies als allgemein verbindlich gelten konnten. Dessen war sich Gray bereits zum Ausgang des 19. Jahrhunderts bewußt, als er schrieb: „Hirten … geben wenig um gutes Aussehen, Hauptsache, sie sind ‚gute Arbeiter' oder kommen aus einer guten Arbeitslinie. Es ist daher wenig überraschend, daß wir Hunde nahezu jeder erdenklichen Form, Größe und Farbe bei den Hirten und Herdenhaltern finden. Die Reinrassigkeit von vielen ist höchst zweifelhaft und ein harmonisch gebauter Hund findet sich selten bei den Besitzern der Herden. Natürlich gibt es da Ausnahmen, aber auch hier bestätigt die Ausnahme die Regel. Ohne jeden Zweifel war dieser Mangel zielgerichteter Zucht der Hauptgrund dafür, daß der rein gezüchtete Collie ein schlechtes Wesen hatte. Was sonst sollten wir denn erwarten von einem Hund zweifelhafter Herkunft, und dies sind die meisten unserer Arbeitshunde, dem wenig Fürsorge zuteil wird, der schlecht gefüttert wird und um den man sich nicht kümmert als solche Laster wie Jagen und Reißen von Schafen, Wildern und eine bissige, verschlossene, untreue Einstellung? Hat ein Hund erst einmal mit dem Reißen von Schafen angefangen und Blut geleckt, gibt es kein Heilmittel mehr gegen diese üble Angewohnheit, er wird auch künftig ein gewohnheitsmäßiger Schafjäger sein. Ein Hund, der einmal beim Schafejagen ertappt wurde, muß sofort getötet werden. Geschichten von der Wildheit und den Untaten des Collies finden sich in vielen unserer Veröffentlichungen und nach unserer eigenen Überzeugung zögern wir nicht, festzustellen, daß der Collie hinsichtlich Intelligenz, Wildheit und Treue von keinem anderen Tier übertroffen wird, und wenn er sich selbst überlassen bleibt, oft wundervolle Beispiele von Ungezügeltheit und Durchhaltevermögen zeigt. Da er mißtrauisch ist, neigt er dazu, sich gegen Einmischungen Fremder zu wehren, aber zu denen, denen er sich angeschlossen hat, wahrt er unverbrüchliche Treue."

Hier müssen die Autoren ein Wort der Ehrenrettung für den Collie einlegen, das die damalige Situation von heute aus klärt. Zu jenen Zeiten wurden Hunde und ihre Qualitäten nicht immer nach rationalen Gesichtspunkten beurteilt, so daß die Anpaarungen von Zuchtpartnern oft merkwürdigen Zielvorstellungen entsprachen. Welpen wurden oft nach irrationalen Mustern selektiert, aus heutiger Sicht nach Aberglauben und Ammenmärchen. Von den ausgezeichneten Hunden, die überlebten, wurden viele Opfer der damals noch nicht beherrschbaren Hundeseuchen und Erkrankungen. Die Sozialisierung von Welpen war insbesondere in der ländlichen Umgebung unüblich und den Bauern und Hirten suspekt. Sie sahen Hunde eher als „Arbeitsgeräte und vierbeinige Knechte und Mägde". Dieser Hinweis auf das Verhalten der Collies ist also vor diesem Hintergrund und in dieser Form nicht wirklich als Wurzel der heutigen Rasse zu betrachten.

Betrachten wir noch ein weiteres Mal mit D. J. Thomson Gray, dem ersten Präsidenten des „Schottischen Collie Club", wie sich der Collie änderte, als er zum Familien- und Ausstellungshund wurde. Das bedeutete seinen Siegeszug in alle Welt: „Als Hundeschauen erstmals abgehalten wurden, war die vorherrschende und beliebteste Fellfarbe bei den Collies Schwarz mit Loh (black and tan) mit dem goldfarbenen Loh des (schottischen – die Autoren) Gordon-Setters, von dem die Farbe auch eingekreuzt worden war. Wiewohl diese Kreuzung das Loh aufhellte und Glanz ins Haar brachte, so verdarb sie doch die Kopfform, machte schwere Ohren und ließ den richtigen Collie-Ausdruck verschwinden; dic

Unterwolle war oft gar nicht mehr da. In den letzten Jahren war die Modefarbe die Zobelfarbe, so daß man nun auf einen schwarzlohfarbenen Collie ein Dutzend zobelfarbener sieht. Als vor einigen Jahren die Mode der zobelfarbenen Collies begann, stellten wir fest, daß viele von ihnen kurze Ruten hatten, aber mit ihren kleinen Ohren und ihrem außerordentlich reichen Haarkleid nahmen sie jeden für sich ein. Die, die noch dazu genug weiße Fellpartien haben, sind sehr gesucht und wenn sie harmonisch gebaut sind, erzielen sie hohe Preise. Schwarzlohfarbene mit Weiß sind nun äußerst beliebt und von dieser Farbe wurden einige gute Exemplare gezeigt. Der blue mirled (zeitgenössische Schreibweise, gemeint ist Blue merle – die Autoren) oder Cheviot Collie (Cheviot ist ein aus gröberer Schafwolle hergestellter, dauerhafter Kleiderstoff – die Autoren) mit zwei verschiedenfarbigen oder blauen Augen wird weithin bewundert, aber Hunde dieser Farbe mit gutem Haarkleid sind selten.

Kurzhaarige Hunde dieser Fellfarbe haben wir jedoch hervorragende gesehen. Schwarzlohfarbene werden bei der gegenwärtigen Verrücktheit nach zobelfarbenen Hunden fast vernachlässigt, aber ohne Zweifel wird ihre Zeit wieder kommen, wenn sich die Mode wandelt. Es wurden auch einige hervorragend schwarze Collies gezeigt, aber sie wurden nicht immer gleich gut angenommen. Wir haben sogar jüngst einige ausgezeichnete weiße Collies gesehen. Keineswegs wollige, weichhaarige Hunde mit schweren Ohren, wie sie vor einigen Jahren gezeigt wurden und denen man die Kreuzung mit Settern klar ansah, sondern wirklich reinblütige Collies von hoher Qualität. Diese sind, wenn voll behaart, äußerst hübsch und attraktiv und hinsichtlich ihrer Intelligenz gleichwertig zu den dunkler gefärbten Vertretern ihrer Rasse. Hirten mögen jedoch keine weißen Hunde, weil man sie einerseits auf weite Entfernungen nicht von den Schafen unterscheiden kann und andererseits wegen der Schwierigkeiten, Schafe mit weißen Hunden zu treiben. Wie uns ein Hirte sagte, ist es fast unmöglich, Lämmer mit weißen Hunden zu treiben, weil die Lämmer stets dem Hunde nachlaufen. Ein Collie, wie ein gutes Pferd, kann nie von schlechter Farbe sein. Jegliche Farbe ist statthaft, ein Hund von gefälliger Farbe wird jedoch wahrscheinlicher die Aufmerksamkeit des Richters auf sich ziehen und ihm gefallen als ein Hund mit abstoßender Farbe, die dem Hund oft einen sauren Ausdruck verleiht.“

Soweit Thomson Gray, die Autorität um die Wende zum 20. Jahrhundert, zu den Fellfarben und den damit verbundenen Moden bzw. Trends. In vielen Dingen ist Grays Befund noch heute unverändert wahr.

Heute haben Blue-merle-Collies, aber auch Shelties schon im jugendlichen Alter hervorragendes Haar, und zwar nicht zuviel und nicht zuwenig: Blue-merle-Sheltie „Klarissa O'the Highlands" aus der Zucht von Renate und Klaus Frankenberger im Alter von 8 Monaten

Zu Zeiten der Etablierung der Rasse Collie gegen Ende des 18. Jahrhunderts war der Name „Collie" bereits ein gebräuchlicher Ausdruck, dennoch war die Bezeichnung der Hunde, die in den Stammbüchern des Britischen Kennel Clubs eingetragen wurden, zunächst alles andere als einheitlich und zuverlässig. Immer wieder wurden Hunde als „Scotch Sheepdogs" eingetragen, und man kann nur raten, daß es vermutlich Collies waren. Wann beginnt die dokumentierte Rassegeschichte heutigen Zuschnitts? Erst im Jahr 1859 fanf in Großbritannien die erste Hundeausstellung überhaupt statt. Dabei handelte es sich um eine Ausstellung von „Jagdhunden", „Schäferhunde" wurden erstmals 1860 gezeigt. So richtig als Ikonen der Rassegeschichte bekannt werden dann 1871 zwei Collies, „Old Mec“ und „Old Cockie“, die 1871 in Birmingham ausgestellt werden. Die erste recht sichere Nachricht über Collies auf einer Schau bezieht sich auf eine Schau in Birmingham im Jahre 1861, wo ein Mr. Siviter einen Rüden „Jeho“ ausstellte; Siviter wurde später als langjähriger Collie-Enthusiast bekannt. Als 1870 der Kennel Club in Großbritannien gegründet worden war, der sich aller Hundeangelegenheiten annahm, regelte dieser die Hundeausstellungen. Die Idee, Tiere miteinander bei solchen Anlässen zu vergleichen, übertrug sich auf das Ausland. Erst 1863 läßt sich eine Veranstaltung in Cremorne, Chelsea, finden, bei der auch Collies zur Ausstellung ausgeschrieben waren. Im darauffolgenden Jahr bezeichnete man sie wieder als „Scotch Sheepdogs“, um sie von den „English Sheepdogs“ (Bobtails) abzugrenzen. Im Jahr 1883 gab es schon eine kleine Gruppe von „gentlemen“, die regelmäßig Collies ausstellten. Und in jenem Jahr wurde der erste Blue-merle-Collie Sieger, und von da an findet man Collies dieser Farbe regelmäßig in den Annalen. Eine ausführliche Darstellung der Colliegeschichte ist in Margaret Osbornes Buch zu finden. Auch bei den Eintragungen gibt es kein einheitliches Muster. Erst 1895 werden die Rassen in den Stammbüchern des Britischen Kennel Clubs eindeutig als „Collies, langhaarig“ und „Collies, kurzhaarig“ klassifiziert.

Der Ursprung des Wortes „Collie“

Liebhaber der Rasse wollen zu Recht wissen, woher der Name „Collie“ kommt. In den bisher vorliegenden Rassemonographien des Collie blieb ein Grundlagenwerk unberücksichtigt, das freilich nur für wenige zugänglich ist: den Autoren stand glücklicherweise Grays seltenes Werk von 1891 „The Dogs of Scotland“, aus der Sammlung Dr. Peper zur Verfügung. Die Wichtigkeit dieses Werks wird deutlich, wenn man entdeckt, daß Gray Gründungspräsident des Scottish Collie Club war und damit gewiß als Autorität für die Rasse gelten muß. Gray vertritt die Meinung, der Begriff leite sich von den gälischen Begriffen „cu“ und „luth“, bei dem das „th“ nicht gesprochen wird, also deutsch gesprochen wie „kullu“, ab. „cu“ steht im Gälischen für Hund und „luth“ heißt aktive, ausdauernde Kraft. Die Encyclopaedia Britannica, ein angesehenes Lexikon für die englischsprachige Welt, vertritt in ihrer Internet-Ausgabe die Ansicht, daß der Wortstamm auf den altenglischen Titel „colly“ für „schwarz“ zurückgeht. Wie kommt zustande, daß die wenigsten Collies vorherrschend schwarze Fellfärbung haben? Neben sprachlich interessanten, aber wenig einleuchtenden Erklärungen gibt es zwei plausible Alternativen. Zum einen die von Dalziel (1888), die sich auf das Wort „collar“, also Halsband bzw. Halsring bezieht, ein Name also für Hunde, die einen weißen Halsring haben.

Weit interessanter und lebendiger ist jedoch die zweite Deutung, die den Collie mit „colly“ oder „collied“ in Zusammenhang bringt, eine frühere Form des Wortes „coal“, was „kohlenschwarz“ bedeutet. Es fällt dem Betrachter wie Schuppen von den Augen, wenn er die frühere Rasse der schottischen Hochlandschafe betrachtet: weißes Fell, aber kohlrabenschwarze Gesichter, Füße und schwarze Flecken auf den Fersen- und Vorderfußgelenken. Diese Rasse, heute „blackfaces“, also Schwarzgesichter genannt, wurde früher „colleys“ genannt. Es ist ja nicht unüblich, Hunderassen nach den Tieren zu benennen, mit denen sie vornehmlich umgehen: der Foxhound ist genauso ein Beispiel wie der Deerhound oder der Foxterrier. „Colley“ ist sogar schon im 1793 erschienenen „Handbuch der Haustierhaltung“ nachgewiesen. Und siehe, Thomas Bewick, der frühe englische Holzschnitzer, bildet 1792 einen „coaly“ ab, den wir ganz gut als einen frühen Collie akzeptieren können. Wer mit der Lupe hinschaut, sieht, daß die winzigen Schafe im Hintergrund allesamt schwarze Köpfe haben.

Bewick hat noch mehr Illustrationen mit Schäfern, Schafen und Hütehunden in Holz geschnitten. Obwohl darauf die Schafe nicht schwarzköpfig sind, so sind doch in allen Fällen die Hunde mit weißem Halsring dargestellt. Die Rassen der Hunde waren, wie man an Bewicks Darstellungen sieht, schon früh definiert. Sie wurden aber nach regionalen Traditionen und nach den Anforderungen an ihre Arbeitsfähigkeit weitergezüchtet. Bei der Benennung war man liberal: Schon 1808 waren in den Wörterbüchern beide Schreibweisen, „Colley“ und „Collie“, als korrekt bezeichnet. Erst die Wende zum 20. Jahrhundert brachte einen Wandel der Einstellung gegenüber den Hunderassen. Das ereignete sich ziemlich zeitgleich auf den Britischen Inseln und dem kontinentalen Festland Nordeuropas.

Thomas Bewicks „Coaly“, 1792, einer der Vorfahren des Collie (aus „1800 Woodcuts by Thomas Bewick and His School“, New York 1962)

Geschichtliches zum Kurzhaarcollie

Es ist bedauerlich, daß der Kurzhaarcollie in der Popularität bis heute dem Langhaarcollie nachsteht, denn er ist doch im echten Sinne die „Reinform" des Collie. Die Kurzhaarform hat es schon immer neben dem langhaarigen Collie gegeben, und es scheint fast so, als ob dies die Varietät für eigensinnige Liebhaber der Rasse Collie sei. Bereits 1877 wurden in Großbritannien eigene Ausstellungsklassen für Kurzhaarcollies eingerichtet, und diese Varietät hat sich – dank der Hartnäckigkeit ihrer Liebhaber – bis heute gehalten, wenn auch in begrenzter Zahl. Eines ist gewiß: Am Kurzhaarcollie ist alles auf Anhieb sichtbar, Fehler und Schwächen sind nicht zu verbergen. Positiv ist, daß die wenigen Züchter von Kurzhaarcollies mit großer Sorgfalt darauf geachtet haben, daß sich keine Zuchthunde mit unzureichendem Nervenkostüm einschlichen, man sieht viele ausgesprochen selbstsichere Vertreter dieser Varietät. Diesen Hunden traut man noch immer zu, daß sie die Tagesarbeit des Hütehundes sofort verrichten können. Die Briten haben oft langhaarige und kurzhaarige Collies gepaart, und es ist ungewiß, in welchem Maße dies die Kurzhaarcollies davor bewahrt hat auszusterben, denn nicht selten schien es so weit zu sein, insbesondere nach dem Zweiten Weltkrieg. Auch unter der harten Konkurrenz der Langhaarcollies, ausgesprochene „Schönlinge", haben sich jedoch in Vergangenheit und Gegenwart immer wieder hervorragende Kurzhaarcollies als „Bester Collie" durchgesetzt. Kurzhaarcollies entpuppen sich oft als vielfältige Talente, vielleicht Erbteil des „Cur dog". So wird auch von Kurzhaarcollies berichtet, die vorzüglich als Stöberhunde arbeiteten.

Kurzhaarcollies sind heute vor dem Aussterben sicher, es gibt sie weltweit in genügend großer Population. Sie werden von einer kleinen, aber kenntnisreichen Fangemeinde beständig unterstützt und gefördert.

Die Shetlands, Landschaft des Shelties

Bis zum Jahr 840 wurden die Shetlands, danach Island von den Normannen erobert. Die Normannen waren seefahrende Wikinger, die sich bis zum 15. Jahrhundert dort halten konnten. Viele ihrer Bräuche haben bis heute überlebt. Die Shetlands gehörten bis 1469 der norwegischen Krone, danach wurden sie von der schottischen Krone annektiert, sind aber nie richtig schottisch geworden. Die Shetlands wurden von denselben Siedlern besiedelt wie die Faröer-Inseln, Island und Grönland. Schon da kamen mit Sicherheit nordische Hunde mit übers Meer, die Abstammung der Shelties ist also mit Sicherheit eine grundlegend andere als die des Collie. Seine Vorfahren sind mit Gewißheit nicht die gemeinsamen Ahnen der Hirtenhunde der Britischen Inseln, sondern eher die der nordischen Länder. Denn Norweger drängten in mehreren Auswanderungswellen in die benachbarten Länder, und die Shetlands waren eines der Zuwanderungsgebiete. Wer auswandert, nimmt möglichst alles, was er nach seiner Erfahrung zur Ausübung seines Berufs brauchen wird, mit. Für den viehhaltenden Bauern ist der Hütehund ein wichtiges Arbeitsmittel.

Auch der Sheltie ist geprägt von der Landschaft, in der er entstand. Die Shetland-Inseln umfassen etwa 100 einzelne Inseln. Allerdings sind weniger als zwanzig davon bewohnt. Die Shetlands liegen im Meer zwischen Nordsee und Atlantik etwa 200 km nordöstlich vom schottischen Festland. Auf ihnen wohnen nur 23 000 Menschen. Wohlgemerkt, die Shetlands sind von Norwegen genauso weit entfernt wie vom schottischen Aberdeen! Die größte der Inseln, Mainland, hat mit Scalloway sogar einen Fischereihafen; nördlich davon liegen die beiden Inseln Yell und Unst, eine Meile vor Unsts Küste liegt der nördlichste Punkt Großbritanniens, der Leuchtturm Muckle Flugga. Unst ist die am nördlichsten gelegene der Inseln, nur 640 km vom Polarkreis entfernt. Die Shetlands haben mit tief eingeschnittenen Meerestälern und steilen Hügeln eine wilde und malerische Landschaftscharakteristik. Auf ihnen wachsen nur wenige Bäume, denn sie halten den ständigen starken Wind nicht aus. Dennoch ist es klimatisch wegen des Nordatlantikstroms, einem Ableger des Golfstroms, dort temperaturmäßig recht mild.

Die einzige Form der landwirtschaftlichen Nutzung ist das „crofting“. Die „crofters“ sind heute Nebenerwerbsbauern, die ihre Schafherden auf gemeinsamen Weideflächen grasen lassen, dazu einige wenige landwirtschaftliche Flächen ihr eigen nennen, gleichwohl aber entweder in der Ölindustrie, in der Fischerei oder in der Marine ihren Haupterwerb haben, denn die Landwirtschaft kann die Familien nicht ernähren. Fischen hat eine große Tradition, hauptsächlich als Zubrot zur häuslichen Verpflegung, aber heute auch als Industrie. Die Schafe haben eine feine Wolle, die zu Wollprodukten wie famosen Tweedstoffen verarbeitet wird. In den vorangegangenen Jahrhunderten gab es noch keine Ölindustrie, und so hatten diese Bauern ein kärglicheres Leben. In der Vergangenheit waren die Shetlands daher von ständiger Entvölkerung bedroht, denn die Kinder des Landes suchten ihr Glück im Auswandern. Erst seit die Ölfelder „Brent“ und „Ninian“ in der Nordsee nordöstlich der Shetlands entdeckt wurden, ist die Bevölkerungszahl stabil geblieben. Erdöldepots in Sullom Voe und auch der kleine Flughafen in Sumburgh sind Erwerbsquellen.

In der Vergangenheit war das Leben der Crofters auf den Shetlands hart, die Familien lebten von den Erträgen ihrer kleinen Flächen. Wie die Umstände gewesen sein müssen, kann heute dank des Internets, wo Bilder und Texte aus dem Crofters-Museum auf den Shetlands verfügbar sind, betrachtet werden. Auch hier war der Hund die billigste Arbeitskraft, er trieb die kleinen Herden auf die gemeinsamen Weideflächen, aber er war auch Hofhund. Dieser Wachhund erledigte eben alle Arbeiten, die dem historischen „Cur“, wie auf Seite 12ff. dieses Buchs beschrieben, oblagen. Wir müssen also annehmen, daß sowohl Vorfahren des heutigen norwegischen Buhunds auf die Shetlands kamen als auch Hunde aus dem Land der entfernteren Nachbarn, Island. Als Beweis hierfür sieht Langer an, daß die helle Weizenfarbe bei Collies unbekannt ist, die Shelties diese aber wohl vom Buhund geerbt hätten. So bildete die Hundepopulation der Shetlands bald eine gesunde Mischung erprobter Arbeitsrassen. Freilich hatte die etwas Bäuerisches, und das gefiel den Salonkynologen Großbritanniens um 1920, die das Ausstellungswesen als „sport“ ziemlich neu entdeckt hatten, so gar nicht. Denn diese Schichten hatten bald Witterung aufgenommen, daß einige dieser höchst harten Arbeitshunde von den Shetlands zuerst auf die Inseln vor Schottland, dann zu den Farmern des schottischen Festlands gekommen waren und dort Großartiges leisteten. Die kynologischen, wie man heute sagen würde, „freaks“ fragten sich: Könnte man nicht auch diese Hunde als „Kulturgut des großen Empire“ für sich reklamieren? Das bedingte aber, daß man eine nach dem damaligen Zeitgeschmack ausgeprägtere „Rassehundform“ entwickeln mußte.

Um dem Leser eine Vorstellung zu geben, wie die Ausgangshunde der heutigen Shelties aussahen und wie groß die Variationsbreite ihres Erscheinungsbildes war, ist in diesem Buch eine Abbildung aus Beckmanns Werk von 1895 wiedergegeben. Diese Entwicklung vollzog sich in Großbritannien vor dem Ersten Weltkrieg. Die Bewohner der Britischen Inseln, als traditionell leidenschaftliche und erfolgreiche Tierzüchter, hatten auch zunehmend Erfolg mit der Änderung des Rassebildes. Das bestätigt auch eine Illustration, die in Deutschland zu Beginn des 20. Jahrhunderts veröffentlicht wurde, als Shelties von ihren Züchtern noch nicht ähnlich den Collies geformt waren.

Jedenfalls erklärt die Verwandtschaft des Shelties mit den nordischen Bauernspitzen (und dazu ge-

Islandhund und Grönlandhund (aus „Ludwig Beckmann, Geschichte und Beschreibung der Rassen des Hundes", Vieweg und Sohn, Braunschweig 1895)

hört auch der Islandhund) zuverlässig die vorherrschende Größe der Shelties: Sie sind so klein, weil ihre Ahnen auch nicht groß waren. Außerdem brauchte der kleinere Hund wenig Platz und Futter. Insofern halten wir die Theorien, daß das Klima der Shetlands wie auch bei den Shetlandponys und Shetlandrindern kleinere Tierformen hervorbringe, für unnötig und manchmal auch gewagt. Zumal die Bewohner der Shetlands, für die dieses angebliche biologische Gesetz auch hätte gelten müssen, schon immer normalwüchsig waren. Die von uns für wahrscheinlich gehaltene Verwandtschaft erklärt auch, warum Shelties zuverlässige Hofhunde in allen Aufsichtsbereichen sind. Denn spitzartige Hunde als Vorfahren der Shelties bellen gern, lange und laut.

Erst um 1905 erschien gelegentlich ein Sheltie auf einer Hundeausstellung des britischen Festlandes. Es wurden aber immer mehr, und 1908 gründete sich bereits ein „Shetland Collie Club". Der „Kennel Club" des Festlands verzeichnete Shelties erstmals 1909 als Shetland Sheepdogs, die Rasse wurde erst 1913 als solche anerkannt. Der Erste Weltkrieg 1914 und die Nachkriegsjahre bewirkten auch bei den Shelties ein fast völliges Erlahmen der züchterischen Tätigkeit. In den Kriegsjahren wurden nur 152 Shelties in die Zuchtbücher des Kennel Club eingetragen. Und erst danach wird vom Auftreten der ersten Blue-Merle-Shelties berichtet. Von da an begann eine Aufwärtsentwicklung der Rasse, die natürlich durch den Zweiten Weltkrieg gebremst, aber nicht verhindert werden konnte.

Sheltie „Ch. Kiliwoch Nettle“ – (aus Aga Gräfin vom Hagen „Die Hunderassen“, 1915

Der Ursprung des Wortes „Sheltie“

Den Begriff „Shetland Sheepdog“ kann noch jeder mit Grundkenntnissen des Englischen nachvollziehen. Woher aber kommt das merkwürdige Wort „Sheltie“? Auch hier konsultiert der Hundefreund die Encyclopaedia Britannica, das Lexikon schlechthin für die englischsprachige Welt und jetzt im moderneren Gewand im Internet. Es sagt aus: „... möglicherweise aus dem Altnorwegischen ‚Hjalti‘ für Bewohner der Shetland-Inseln, 1650 zuerst nachweisbar.“ Altnorwegisch deshalb, weil, wie oben beschrieben, die Normannen, Wikinger, Norweger zuerst die Shetland Islands, dann Island eroberten. Die Wirren der Weltgeschichte bzw. ihre Folgen sprechen wir also täglich mit unseren Hundenamen aus.

Collies und Shelties heute

Verhalten und Charakter

Eine Schutzhund-Ausbildung kann man mit dem Collie wohl planen, aber seinem Naturell entspricht dies nicht. Ein Collie oder Sheltie ist nun nach seiner Geschichte und der über hundert Jahre währenden Zuchtwahl als Rassehund kein Herdenschutzhund. Im übrigen ist es unklug, Hunden Kenntnisse zu vermitteln, für die ihre Besitzer langzeitlich keinen Bedarf haben. Sie können dann nicht nachhaltig geübt und praktiziert werden, um damit Erfolgserlebnisse zu haben. Der Collie hat auch nicht die rassespezifisch hohe Reizschwelle, die eine Gebrauchshunderasse für den Schutzdienst mitbringen muß. Das heißt nicht, daß ein Hütehund ein Feigling ist. Wie Sie schon in der Beschreibung Bewicks (S. 21ff.) lesen können, steht ein Hütehund immer schützend vor der ihm anvertrauten Herde und ist bereit, deren Territorium zu verteidigen – kluge Verteidigung ist oft ohnehin weitsichtiger als der direkte Angriff. Diese Grundsicherheit der Hütehunde muß nach Meinung der Autoren auch heute noch jeder Collie und Sheltie mitbringen. Wohlgemerkt, keiner erwartet vom Hütehund, daß er weit weg von der Herde zum Angriff übergeht – er ist eben kein Herdenschutzhund und wird den Angreifer nur von dem ihm Anbefohlenen fernhalten. In der Praxis des Schaurings heißt das, daß weder Collie noch Sheltie zurückweichen sollten, wenn der Zuchtrichter auf sie zugeht. Mißtrauen ist Ihnen vergönnt, doch wenn ihr Besitzer ihnen dies befiehlt, müssen sie das Angefaßtwerden durch den Zuchtrichter dulden.

Stärken und Schwächen. Der als Welpe erfolgreich sozialisierte Sheltie wird hinsichtlich seines Verhaltens weithin unterbewertet. Dieser kleine Hund ist eine selbständige „Hundepersönlichkeit“. Er ist nicht nur ein Hund, der sich entschieden der psychisch stärksten Person im Familienrudel anschließt, sondern auch ein selbstbewußter Hund mit erheblicher Nervenstärke. In gemischten Rudeln, auch mit großen Hunden, sind die „kleinen“ Shelties oft die Rudelchefs. Shelties sind hinsichtlich Ausdauer und Kondition recht urtümliche Hunde. Nach langen Spaziergängen sind die Shelties oft erst „warmgelaufen“, während große Hunde sich bereits erholen wollen. Der Sheltie ist aus dieser Sicht der richtige Hund für Konditionsstärke.

Sehvermögen. Die Erlebniswelt der Hunde wird stärker durch olfaktorische und akustische als durch optische Empfindungen bestimmt. Sie haben jedoch ein besseres Formsehen, welches sie für das Erkennen und Fangen der Beute benötigen. Die Schwelle für Helligkeitsempfinden ist niedriger als beim Menschen. Sie sehen bei geringerer Helligkeit stärker und daher in der Dämmerung besser als Menschen. Diese Leistung ist fast so gut wie die der Katzen. Hierbei spielt die Reflexionsschicht eine Rolle, die man rot oder grün aufleuchten sieht, wenn ein Hund nachts geblendet wird. Allerdings sind sie, gemessen am Menschen, teilfarbenblind, da sie nur die Farben am Ende des Spektrums, also Indigo, Blau und Violett erkennen. Während die Wahrnehmung in die Ferne und das Formsehen recht gut ist, fehlt es am scharfen Sehen. In der Nähe verläßt er sich eher auf seine hervorragende Nase. Die vorzügliche Weitsicht kann etwa bis zu 500 m, bei bewegten Objekten bis zu 600 m, betragen.

Riechvermögen. Daß Hunde einen guten Geruchssinn haben, ist bekannt. Aber wie unvorstellbar gut sie riechen können, ist den meisten unbekannt. Der Mensch hat 5 Mio. Riechzellen, der Hund 200 Mio. Dazu haben Hunde ein sieben- bis vierzehnmal größeres Riechzentrum im Gehirn, das die dort eingehenden Informationen verarbeitet. Während wir auch blind wahrnehmen können, daß wir nun in einen Metzgerladen eintreten, kann der Hund genau „auflisten“, welche Sorte Fleisch im Laden von verschiedenen Schlachttieren ausliegt. Hunde leben in einer Geruchswelt, und wer seinem Hund nicht immer wieder den Spaziergang aus dem eigenen Garten ermöglicht, läßt das Riechvermögen des Hundes verkümmern. Hunde haben ein lebenslanges Geruchsgedächtnis und verknüpfen mit bestimmten Geruchskonstellationen bestimmte Erwartungen und Erlebnisse. So merken sie sich auch Personen. Sie nehmen ganz gut am Geruch wahr, in welcher Stimmung der entsprechende Mensch ist. So erkannte Lycos, der alte Hund des Odysseus, obwohl er blind war, seinen Herrn, als der nach vielen Jahren des Umherirrens wieder nach Hause kam, noch immer am Geruch, bevor er sich zum Sterben niederlegte. Hunde kennen den typischen Geruch einer Tierarztpraxis ebenso wie den Schall- und Geruchspegel einer Hundeausstellung. Über die Änderung des Eigengeruchs beim Menschen erkennen Hunde auch, ob diese auf etwas oder auf jemanden warten, oder ob sie sich gerade entschlossen haben, mit dem Hund spazieren zu gehen.

Die Entwicklung des Riechvermögens kann wie die anderer Sinnesleistungen durch frühes Vermitteln von Erfahrungen und Umweltkenntnissen gefördert werden. Wer also später seinen Collie oder Sheltie durch mit Geruchswahrnehmung verknüpfte Beschäftigung (Fährtenhund) fit halten will, sollte vom Welpenalter an geruchsbezogene Spiele mit seinem Hund machen. Sie finden besonders in der Literatur über Erziehung und Ausbildung von Jagdhunden dazu weitere Aussagen. Denn ganz unglaublich ist sicher die Fähigkeit der Hundenase, die weitere Richtung einer Fährte zu erkennen. Der Hund ist also offenbar imstande, den geruchlichen Unterschied eines Trittsiegels von dem nächsten, das nur Bruchteile von Sekunden älter oder jünger ist, wahrzunehmen. Collies und Shelties sind als ursprüngliche Schäferhunde schon immer talentiert gewesen, gegen den Wind Informationen auszufiltern und zu interpretieren. Sie sind daher von vielen Rettungsstaffeln als Spürhunde in Trümmer- und Flächensuche hoch geschätzt. Natürlich kommt hier die Trittsicherheit und die Widerstandsfähigkeit dieser Rassen, deren robustes Gebrauchshaar gegen alle Witterungsunbilden schützt, hinzu und nicht zuletzt das durch das Fernsehen geprägte Image der Collies als Retter des Menschen.

Immer noch: „Form follows function“. Weil einer der Autoren ein Fachmann der Flugkörpertechnik, der andere ein Architekt ist, sei ihnen der Bezug zu Pionieren der Technik vergönnt. Louis Henri Sullivan (1856 bis 1924) entdeckte für Technik und Bauwesen den Grundsatz der größten Baumeisterin, der Natur: „Form follows function“, oder: „Die Form ergibt sich aus der Funktion!“ Dieser Grundsatz gilt auch für sämtliche Hunderassen, die für eine spezifische Aufgabe gezüchtet wurden, ohne Einschränkung. Und nur so können heute Collies und Shelties, die harten Hütehunde aus Gegenden mit Regen und lang anhaltender Kälte, in ihrer Anpassung angemessen beurteilt werden. Bauart und Verhalten werden nach ihren ursprünglichen Aufgaben eingeschätzt. Wenn ein Haarkleid den Hunden erlaubt, Tag und Nacht der oft üblen Witterung ausgesetzt zu sein und dabei gesund zu bleiben, dann muß dieses Haarkleid als Maßstab der Standardbeurteilung gelten. Weniger Haar darf ein vorzüglicher Hund nicht haben, er würde nicht überleben. Aber mit Sicherheit auch nicht mehr Haar, denn das macht mehr Angriffsfläche für Schnee und Regen, braucht eine längere Trokkenzeit. Da kein Herdenhalter Zeit hat, seinen Hund zu kämmen und zu bürsten, entsteht bei mehr Haar oft Filz, der schließlich so verfestigt, so daß der Hund in seiner Beweglichkeit behindert wird. Das bedeutet das Aus für die Arbeitshunde Collie und Sheltie. Im Ring wird für solche Hunde die „rote Karte“ gezeigt.

Aussehen

Schönheit, Fellfarben und Entwicklungstrends. Collie und Sheltie sind nicht immer die Schönheiten der Hundewelt gewesen, die sie heute zweifellos darstellen. Auch die Hirtenhunde des alten Schottland haben sich als Arbeitshunde, die schon vorhanden waren, und durch Hunde, die Seefahrer und Händler ins Land eingeführt haben, so geformt, wie sie in der zweiten Hälfte des 19. Jahrhunderts dann bewußt wahrgenommen wurden. Hierzu sagt der vergleichende Anatom und Kynologe Emil Hauck (1966): „Der ursprüngliche schottische Schäferhund stand Polarhunden nahe. Die heutige Schlankform, insbesondere die Verschmälerung des Schädels, die Abflachung der Stirn, die Zuspitzung des Fanges, die langen Nasenknorpel, der weit über den Zwischenkiefer (Vorderrand der Oberlippe) vorgezogene Nasenschwamm, ergaben sich einerseits aus der darauf abzielenden Zuchtwahl, andererseits aus der wahrscheinlichen Einkreuzung von Windhunden, die weniger aus der Kopfform, die auf dem Wege der Auswahl erzielt werden kann, als aus der starken Winkelung der Knie und der Stellung des Oberschenkels (von oben hinten nach vorn unten) zu erschließen ist.“

Die Form, die Collies und Shelties heute haben, ist ein Produkt des Zeitgeschmacks der letzten 100 Jahre und vornehmlich der Züchterschaft Großbritanniens, der die Colliefreunde weltweit folgten. Ebenso wie der Bobtail heute im Schauring als Karikatur des derben, naturnahen Arbeitshundes erscheint und auf den ersten Blick eine Rasse für leidenschaftliche Frisierer ist, sind auch Collie und Sheltie in Ausnahmefällen zu „Schönlingen“ geworden. So sehr diese Hunde mit ihrem reichen Haarkleid und den attraktiven Fellfarben ästhetisches Wohlgefallen auslösen, so wenig wird dem Betrachter die großartige Vergangenheit als Arbeitshund bewußt.

Nur die Vereine, Züchter und Halter könnten einen Wandel des Images dieser Rassen herbeiführen, z. B. durch eine Stärkung der vielen anderen Funktionen, die die Rasse perfekt verrichten kann. Denn geeignet sind diese Rassen wegen des vorhandenen Arbeitswillens als Gebrauchshunde, wie Blindenführhunde, Lawinen- und Trümmersuchhunde, sowie als „pet dogs“ bei der Therapie Behinderter und als Gefährten in Einrichtungen für vereinsamte, alte Menschen.

Hierzu sagt Hauck 1966: „Die bei der Schafherde gehenden, oft ganz selbständig arbeitenden Collies, von denen Wunder an Klugheit und Lageverständnis erzählt wurden, begründeten den Ruf der Rasse. Die alte plumpere, wenig reich behaarte, unscheinbarere Form mit derberem, polarhundemäßigem, kürzerem Schädel ist heute noch bei dem Arbeitsschlag erhalten geblieben. Aber die weltweite Verbreitung verschaffte dem Collie erst der Sportzüchter, der auf edle Kopfform, schöne Färbung und überreiche Behaarung hinarbeitete. Das Zuchtziel wurde restlos erreicht. Die auf dem Kontinent und in den USA oft beklagte Ängstlichkeit und Scheuheit, die schon in früherer Zeit beobachtet worden war (vgl. Ash 1925), führte zu einem merklichen Rückgang. Besonders auf deutschem Gebiet wurde er vom Deutschen Schäferhund verdrängt, obwohl er seinerzeit besonders von Bungartz als Sanitätshund abgerichtet und sehr empfohlen worden war. Seine Fähigkeiten als Spürhund sind aber nicht gering. So habe ich selbst eine Colliehündin des Dr. Niedermayer, Wien, als feinnasigste unter ihren damaligen Zeitgenossen kennengelernt. Wie Paul Hellmutz, Herninghaus, im Buch „Der Collie“, 1941, berichtet, soll im Weltkrieg eine Colliehündin sogar die meisten Verwundeten geborgen haben.“

Haarkleid als Modetorheit. Ein wichtiger erster Eindruck, Fachleute sagen, „die Anmutung“ der Rasse, geht von ihrem prächtigen, fülligen, farbigen Langhaarfell aus. Man muß sich vor Augen halten, daß dieses Haarkleid in einer Klimaregion entwickelt wurde, die mehr Luftfeuchte bot als das Klima des kontinentalen Mitteleuropas. Und es war nicht aus ästhetischen Gründen so entwickelt, sondern primär als Schutz des Hundes gegen die Unbilden der Witterung, die der Hütehund in der Hitze des Sommers, den Regengüssen des Herbsts und Frühjahrs und Schnee- und Eisstürmen des Winters im wahren Sinne des Wortes erlebt. Ein gut behaarter Collie oder Sheltie, der sich im Winter auf der Wiese zum Schlafen gelegt hat, stört sich an einsetzendem Schneefall nicht. Nicht nur, weil er in seinem perfekt isolierten Wintermantel wohlig warm eingerollt nicht friert, sondern auch, weil die Dämmung seines rassetypischen Haarkleids verhindert, daß der auf ihn gefallene Schnee taut. Er schneit ein und er fühlt sich wohl dabei. Den Freunden des Kurzhaarcollies sei gesagt, daß dessen derbes mittellanges Stockhaar, wie das kynologisch korrekt heißt, auch recht witterungsbeständig ist, Kurzhaarcollies sind harte und derbe Arbeitshunde. Die Varietät, wie man diese „Sorte“ einer Rasse nennt, ist aber dennoch nicht ganz so „frostfest“ wie ihre langhaarigen Artgenossen.

Davon abgesehen, daß die Fülle des Haarkleids beim „biologischen System Hund“ mit den Jahreszeiten schwankt, gibt es noch viele andere Faktoren, die diese eindrucksvolle Seite des Aussehens maßgeblich beeinflussen: Veranlagung, Fütterung,

Klimareize, Luftfeuchte, Ernährung, Hormonhaushalt. Man tut gut daran, als Besitzer in diesen wohlausgewogenen Naturzyklus nicht einzugreifen; gute Haarpflege reicht. Dies wird in Dietmar Schäffers Artikel „Eine haarige Angelegenheit“ schlüssig erläutert. Die Haut und die aus ihr wachsenden Haare bilden flächenmäßig das größte Organ des Hundes. Die jahreszeitlichen Schwankungen der einfallenden Lichtwellenstrahlung bewirken, daß der Hund zum Herbst eine dichtere Unterwolle bekommt, insgesamt mehr Fellvolumen bildet und im Frühjahr diese zusätzliche Menge wieder verliert. Auch wenn heute die meisten Hunde vorwiegend im Haus leben, ändern sich diese Wachstumszyklen nicht vollständig, vielmehr scheint sich der Haarwechsel eher gleichmäßig auf das Jahr zu verteilen. Anders dargestellt, Haushunde haaren ständig. Artgenossen, die einen erheblichen Teil des Tages im Freien verbringen, zeigen eher

Entwicklung des Dark-sable-Collierüden „Try-Try Again O'the Highlands“, hier im Alter von wenigen Tagen. Er entstammt einer Paarung einer reinerbig zobelweißen Hündin mit einem tricolour-farbenen Rüden, alle Welpen sind dark sable und mischerbig

Entwicklung der Fellfarbe des Collierüden „Try-Try Again O'the Highlands", hier im Alter von 6 Monaten. Erscheint hier rein zobelfarben, Abdunklung nur zu erahnen

den saisonalen Haarwechsel. Es ist art- und rassegerecht, den Collies und Shelties viel Aufenthalt an frischer Luft zu gönnen, dennoch sind beide Rassen nicht vorwiegend im Zwinger zu halten. Sie sind die geborenen Familienmitglieder.

Starke Sonneneinstrahlung läßt bei den meisten Menschen die Haare ein wenig heller werden. So auch bei den Hunden. Schwarze Fellpartien entwickeln bei intensiver Sonnenbestrahlung einen „Rostanflug", sie werden an den Spitzen rostbraun. Aussteller von dreifarbigen Collies und Shelties halten im Sommer ihre Hunde vorwiegend in beschatteten Ausläufen. Auch die begehrten Blue-

Entwicklung der Fellfarbe des Collierüden „Try-Try Again O'the Highlands", hier im Alter von 9 Monaten. Die Abdunklung kommt wieder

merle-Hunde ändern dann ihre Farbe, die blaugrauen Haare bekommen aprikosenfarbene Spitzen.

Natürlich beeinflußt auch Alterung die Fellfarbe. Das fängt wie beim Menschen mit der Geburt an. Dreifarbige Welpen beider Rassen werden fast ganz schwarzweiß mit braunen Abzeichen über den Augen und an der Rutenwurzel geboren. Zobelfarbene Welpen, besonders dunkel zobelfarbene, zeigen bei der Geburt schon fast ihre endgültige Fellfarbe, wenn sie noch naß sind. Sind sie erst trockengeleckt, erscheinen sie etwas blasser. Die Farbe kehrt jedoch zurück, bis der Hund erwachsen ist.

Entwicklung der Fellfarbe des Collierüden „Try-Try Again O'the Highlands", hier im Alter von 4 Jahren. Nun ein höchst dunkler Dark-sable-Hund

Besonders schön läßt sich dies an Bildern desselben Hundes in verschiedenen Altersstufen erkennen. Erkenntnis aus der Praxis: Die lohfarbenen Fellpartien altern langsamer, sie bleiben bis ins hohe Alter farbstark und intensiv. Die Vererbung der Fellfarben ist bei diesen Rassen ein für Züchter faszinierendes Kapitel, das allerdings eine umfangreichere Darstellung erfordert, als es der Umfang dieses Buches erlaubt. Für diejenigen, die dieser Aspekt besonders interessiert, sei auf die Darstellung in Krämer/Feldhoff (S. 180) hingewiesen.

Vereinbarungen zum Aussehen – Rassestandards

Die Tatsache, daß die Hüter des Rassestandards weder den Hintergrund der Rasse noch die ursprüngliche Verwendung dieses Hirtenhunds klar und deutlich der Beschreibung der Details voranstellen, ist zu beklagen. Es fehlt damit nämlich eine klare Anweisung an die heutigen Halter, insbesondere aber an die Züchter und die Richter der Rasse, die Rasse so zu erhalten, daß sie auch künftig den Anforderungen des harten, widerstandsfähigen Arbeitshundes genügen kann. Rasseliebhaber, die erkannt haben, daß die Entwicklung der Rassen klar aus funktionalen Beweggründen geschah und uns die Rassen so übergeben wurden, werden aus Respekt und Bewunderung gegenüber den Schöpfern dieser Rasse nur funktional einwandfreie Hunde als Ideale vorstellen. Die Standards der drei genannten Rassen werden nachfolgend ausführlich behandelt. Sie sind nach ihrer Häufigkeit bzw. nach der Höhe der Eintragungszahlen von Welpen geordnet. Langhaarcollies sind gegenüber Kurzhaarcollies häufiger anzutreffen.

Rassestandard Collie Langhaar

Der vom Dachverband des Hundewesens in Großbritannien, dem Kennel Club, am 24. Juni 1987 erstellte Rassestandard des Langhaar-Collie wurde von der internationalen Dachorganisation der Hundezucht-Verbände, der Féderation Cynologique Internationale (FCI), übernommen und anerkannt und wurde damit auch für Deutschland verbindlich. Birgit Fricke hat den Text ins Deutsche übersetzt, die Übersetzung wurde am 19. 10. 1988 als deutscher Wortlaut des Standards bei der FCI niedergelegt und veröffentlicht.

Der Wortlaut des Standards ist im folgenden Text unterlegt wiedergegeben, der Kommentar folgt. Hierzu haben wir auch das vorzügliche Buch von Mia Ejerstad (S. 180) mit ihrer freundlichen Genehmigung heranziehen können. Für Richter dieser Rasse gibt es keine bessere Pflichtlektüre. Betrachter des Collies, die sich auch für die international vereinbarte Beschreibung des Idealbilds der Rasse interessieren, sollten dieses Lehrbuch über Verständnis der äußeren Erscheinung, der Funktionalität und des Wesenshintergrunds dieser Hunde

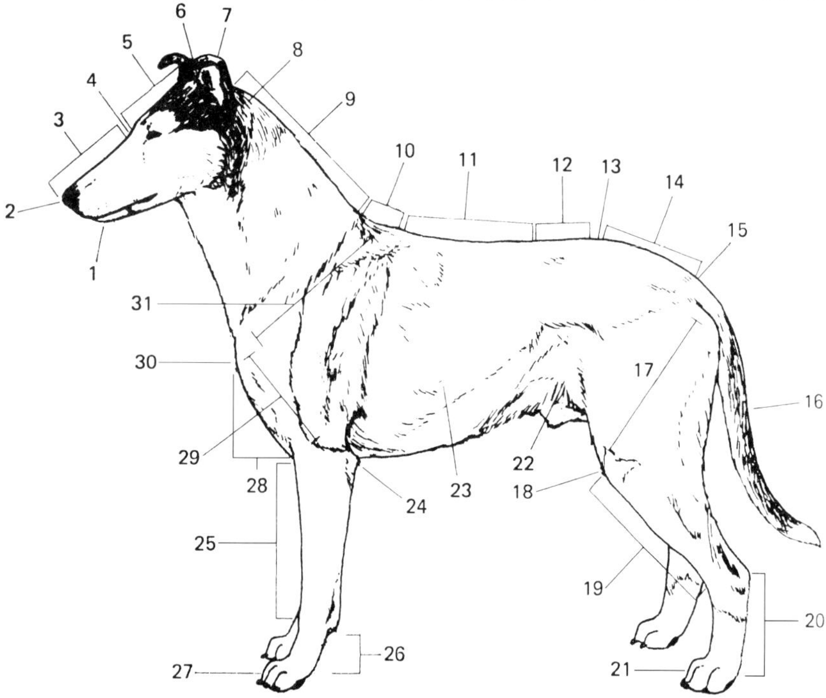

1 Unterkiefer
2 Nase
3 Fang
4 Stop, Stirnansatz
5 Schädel
6 Hinterhauptbein
7 Ohr
8 Nacken, Halslinie
9 Hals
10 Widerrist
11 Rücken
12 Lende
13 Hüfthöcker
14 Kruppe
15 Rutenansatz
16 Rute
17 Oberschenkel
18 Kniegelenk
19 Unterschenkel
20 Hintermittelfuß
21 Hinterpfote
22 Flanke, Weiche
23 Rippenkorb
24 Ellenbogen
25 Unterarm
26 Vordermittelfuß
27 Vorderpfote
28 Rippenkorb, Vorbrust
29 Oberarm
30 Brustbeinspitze
31 Schulter

Der Kurzhaarcollie als Modell zur Benennung der Körperteile
(aus Ejerstad „The Collie Standard", Rufina 1993)

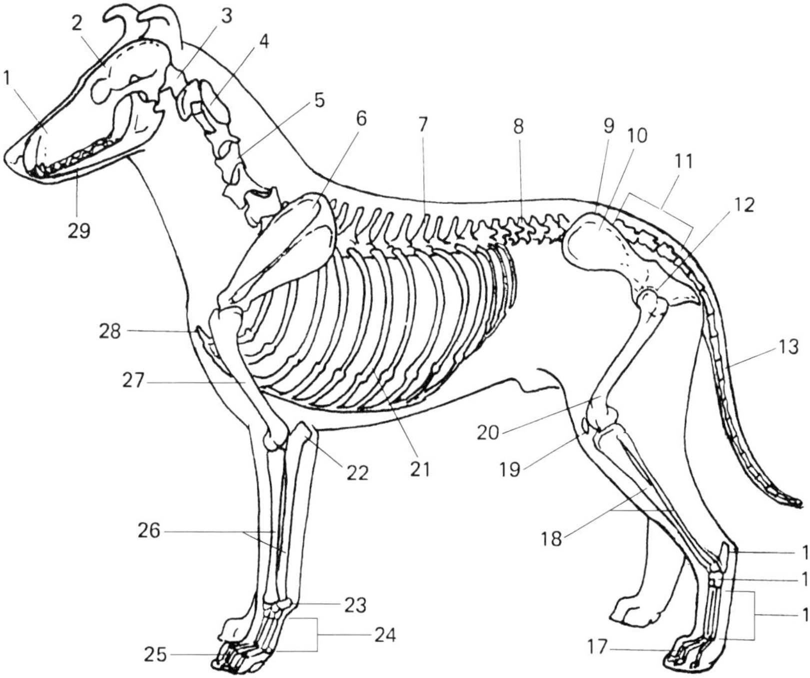

1 Oberkiefer
2 Schädel
3 erster Halswirbel, Atlas
4 Halswirbel
5 Halswirbel
6 Schulterblatt
7 Brustwirbel
8 Lendenwirbel
9 Kreuzbein
10 Becken, Hüftbein
11 Kruppe
12 Hüftgelenk
13 Schwanzwirbel
14 Hinterfußwurzelgelenk, Sprunggelenk
15 Hintermittelfußknochen
16 Hintermittelfußknochen
17 Zehenknochen
18 Schienbein
19 Wadenbein
20 Kniescheibe
21 Oberschenkelknochen
22 Rippen (13 Paare)
23 Vordermittelfußwurzel
24 Vordermittelfußknochen
25 Zehenknochen
26 Elle und Speiche (Unterarm)
27 Oberarm
28 Brustbeinspitze
29 Unterkiefer

Das Skelett eines Collies
(aus Ejerstad „The Collie Standard", Rufina 1993)

beziehen. Es ist vortrefflich geschrieben, reich illustriert und für Leute mit Grundkenntnissen der englischen Sprache verständlich. Es folgen auch Zeichnungen aus diesem Buch.

Allgemeines Erscheinungsbild. Es stellt einen Hund von großer Schönheit mit gelassener Würde dar. Dabei ist kein Einzelteil unproportioniert zum Gesamtbild.

Eine Vorrede zum Rassestandard, die auf den ersten Blick pathetisch und gefühlsbetont erscheint. Aber bei genauer Betrachtung entpuppt sich diese Beschreibung als recht genaue Vorschrift, wie ein Collie sein soll. Nämlich ein stolzer Hund mit aufrechter Haltung und schöner Gesamterscheinung, wie sie nur in perfekter Harmonie aller Körperteile zum Ausdruck kommt. Es erscheint das Zusammenwirken von Kraft und Eleganz. Die Forderung der gelassenen Würde ist oft eine Frage seiner Reizschwelle. Denn der perfekte Collie reagiert weder empfindlich gegenüber Umweltreizen, noch gegenüber Gegenständen oder Menschen, die plötzlich auf ihn zukommen. Mit Sicherheit ist der Collie keine Rasse, von der Aggression ausgeht, aber Selbstbehauptung und ein starkes Pflichtbewußtsein, wenn es um Anliegen geht, die ihm anvertraut sind.

Wenn Ausgewogenheit und Harmonie Grundforderungen sind, kann es zum Beispiel nicht richtig sein, daß ein wunderschöner Collie-Kopf mit bestem Ausdruck vergessen läßt, daß Anatomie und Gangwerk grobe Fehler aufweisen. Es kann auch nicht darüber hinweggesehen werden, wenn ein Hund mit überreichem Haarkleid von wunderbarer Farbe und bestem Pflegezustand vor Geräuschen und fremden Menschen zurückweicht. Die Rasse hat es nicht verdient, in den Ruf zu kommen, sie sei die der schönen Weichlinge. Es ist die Pflicht der Freunde und Züchter dieser Rasse, daß sie sich mit ihren Aktivitäten gegen diese Urteile richten. Collies von geringer Standfestigkeit müssen von den Schauen, aber besonders aus der Zucht ferngehalten werden.

Charakteristika. Der Körperbau ist geprägt von Kraft und Aktivität. Er ist frei von Plumpheit und ohne jede Spur von Grobheit. Der Ausdruck ist von größter Wichtigkeit. Betrachtet man die hierfür relevanten Merkmale, so wird er geprägt durch die vollkommene Ausgewogenheit und richtige Zusammensetzung von Schädel und Vorgesicht, durch Größe, Form, Farbe und Sitz der Augen und durch korrekt angesetzte und richtig getragene Ohren.

Wie will man Kraft und Aktivität erkennen, wenn so mancher Collie aussieht wie ein Heuwagen auf Stelzen, wenn aus dem riesigen Berg wunderbar gepflegten Haars nur noch Kopf und Hals und Läufe herausschauen, der Körper in seinen Ansätzen oder Proportionen nicht mehr erkenntlich ist?

Was der Standard an dieser Stelle nicht definiert, ist das richtige Format, also das Verhältnis von Schulterhöhe (Entfernung vom Widerrist bis zur Standfläche des Hundes) zur Rumpflänge (Entfernung Brustbeinspitze zum Sitzbeinhöcker). Eine solche Erwartung kann nur aus funktionalen Anforderungen hergeleitet werden. Nach diesen muß der Collie ein im Format rechteckiger Hund sein, seine Rumpflänge muß größer als die Schulterhöhe sein.

Wesen. Freundlich veranlagt, ohne jegliche Spur von Nervosität oder Aggressivität.

„Wesen" ist zwar ein in der Hundewelt üblicher Ausdruck, die Autoren bevorzugen jedoch insgesamt den Begriff „Verhalten". Collies mögen Besucher und Fremde, wenn sie sich normal verhalten. Stark in die Familie integrierte Hunde sind jedoch vornehmlich an „der eigenen Familie" interessiert. Wie weit geht die Reserviertheit gegenüber Fremden? Nur so weit, daß ein Collie in der Hand und unter unmittelbarer Kontrolle seines Besitzers sich ohne Zurückweichen, dabei selbstsicher und selbstbewußt, anfassen läßt, allerdings darf er dabei nicht zeigen, daß ihn das kalt läßt. „Scheu" umfaßt nach Interpretation der Zuchtrichter alle Erscheinungsformen des nicht selbstsicheren, nicht absolut standfesten Verhaltens. Eher ist ein Collie ohne Haare rassetypisch als ein Rassevertreter, der sich nicht absolut unbeeindruckt, offen und unerschrocken allen Situationen stellt. Schon ein Schritt des Zurückweichens vor dem auf ihn zukommenden Fremden zeigt an, daß hier nicht das vom Standard gewünschte Verhalten vorherrscht. Kundige sehen dies ohnehin am gesamten körperlichen Ausdruck, insbesondere jedoch am Ausdruck der Augen, sie werden aber durch mehrfaches Testen sicherstellen, daß dem wirklich so ist. Wenn das unverwechselbare, als Kerneigenschaft unverzichtbare, belastbare Nervenkostüm mit seiner hohen Reizschwelle bei gleichzeitig großer Aufmerksamkeit nicht verloren gehen soll, dürfte kein Collie zur Zucht zugelassen werden, der hier nicht ohne alle Zweifel sicher ist. Selbst um den Preis, daß Collies, die wirklich nur aufzuchtbedingt und damit durch die Schuld ihrer Züchter nicht die gewünschte Gelassenheit zeigen, für die Zucht verlorengehen, müssen solche Hunde in folgerichtiger Anwendung des Grundsatzes „Im Zweifelsfalle nicht für den Einzelhund, sondern im Interesse der Rasse entscheiden!" von der Zucht ausgeschlossen werden. Hier Konzessionen machen zu wollen, heißt Verrat an der Rasse zu begehen. Angesichts der zur Zeit immer wieder anzutreffenden scheuen Collies kann jede auch noch so fehlerhafte Verhaltensbeobachtung begrüßt werden. Prüfungen aller Art sind gewiß auch gute Gelegenheiten, Nervenkostüm, Stärken und Schwächen der Rasse zu testen.

Wenn man weiß, daß zuvor im Rassestandard stand, daß ein Collie reserviert sein soll, wird die Bedeutung des Verhaltens, das die Verfasser des Standards im Sinn hatten, klar: Ein Collie ist ein Hund, der weder nervlich empfindlich noch angriffslustig ist, aber freundlich mit würdiger Distanz. Natürlich soll ein Collie zu Fremden nicht zu freundlich sein, wie zum Beispiel ein Beagle. Beides ist aus der Geschichte der Rassen abzulesen. Der Collie beschützt das ihm Anvertraute und ist nur seinem Herrn gegenüber loyal – der Beagle kennt seinen Herrn zwar, wichtiger aber ist ihm die Leidenschaft der Jagd und das Leben mit den anderen Hunden seiner Meute. Er geht mit jedem mit, der ihm zu fressen gibt oder Unterhaltung bietet.

Wieviel Angriffslust darf der Collie haben? Er darf keine Angriffslust haben, aber Präsenz demonstrieren. Ohne Zweifel haben Collies offenbar doch einen instinktiv verwurzelten Sinn dafür, was ihren Leuten zuträglich ist und was damit auch für den Hütehund Collie als statthaft gilt und was nicht. Wenn man freilich weiß, daß diese Anlage besteht, wird man sich hüten, diese mutwillig, z. B. durch eine Schutzhundausbildung, zu verstärken – das hieße, mit dem Feuer zu spielen. Was verstärkt wird, ist nämlich nicht nur die Schutzbereitschaft, sondern auch das Selbstbewußtsein und die Selbstsicherheit des Hundes. Außerdem wird die Wahrnehmung verstärkt, daß er während seiner Attacke, die ihm fraglos viel Spaß macht, kaum kontrolliert werden kann.

Es ist ohne Zweifel Kern erfolgreicher Hundeerziehung, den Hund niemals erfahren zu lassen, daß er sich zeitweise der Kontrolle seiner Menschen entziehen und tun kann, was er will. Sinnfällig wurde dies dem Autor, als er abends in der Dämmerung den Halter eines Saarlos-Wolfhundes den Hund an die Leine nehmen sah, der sonst den ganzen Tag auch (auf einer Hundeschau!) ohne Leine stets ohne Aufforderung bei seinem Herrn geblieben war. Auf die Frage, warum denn dies jetzt, antwortete der Hundehalter: „Ich will ihm nicht die Chance geben, herauszufinden, daß ich ihn in der Dunkelheit nicht absolut kontrollieren kann!“ Ein bedenkenswerter Grundsatz und als Grundmuster für Hundeerziehung insgesamt bedenkenswert.

Kopf und Schädel. Die Besonderheit des Kopfes ist von großer Wichtigkeit; er muß im Verhältnis zur Größe des Hundes betrachtet werden. Von vorn oder von der Seite gesehen gleicht der Kopf einem gut abgestumpften, sauber geschnittenen Keil mit glatten Außenlinien. Der Schädel ist flach und verjüngt sich an den Seiten allmählich in einer glatten Linie von den Ohren bis zur Spitze der schwarzen Nase, ohne daß die Wangenknochen hervorstehen und ohne daß der Fang dünn und spitz wirkt. Im Profil betrachtet, verlaufen die obere Linie des Schädels und die des Vorgesichts parallel und gerade und sind gleich lang. Sie werden durch einen leichten, jedoch wahrnehmbaren Stop oder Absatz geteilt. Der Mittelpunkt zwischen den inneren Augenwinkeln (der gleichzeitig das Zentrum eines korrekt plazierten Stops ist) stellt den Mittelpunkt einer ausgewogenen Kopflänge dar. Das Ende des glatten, gut abgerundeten Fanges ist stumpf, niemals quadratisch.

Unterkiefer kräftig und gut geformt. Die Tiefe des Schädels, von den Augenbrauen zur Unterkante des Unterkiefers hin, darf niemals übermäßig sein (insgesamt nicht tief), Nase grundsätzlich schwarz.

Rassestandards haben es so an sich, daß viele Dinge allgemein ausgedrückt werden. „Schädel“ ist eigentlich der Ausdruck für die knöcherne Unterkonstruktion des Hundekopfes. Die obere Hälfte des Hundekopfes, in dem sich Augen und Gehirn befinden, wird daher auch als „Hirnschädel“ der Rest des Kopfes als „Gesichtsschädel“, manchmal auch als „Vorgesicht“ bezeichnet. Jedenfalls sagt der Standard, daß der (Hirn-)Schädel in seiner Oberfläche flach, also nur minimal gewölbt ist. Sicher gibt es bei der großen Anzahl der Collie-Liebhaber und -züchter Übereinstimmung darüber, wie lang der Schädel vulgo Kopf des Collie sein muß, um weder zu klein noch zu groß zu wirken. Aber dies bleibt dann auch interpretierbarer Freiraum für die Zuchtrichter. Jedenfalls gehört zu einem ausgereiften, muskulösen und trocken entwickelten Körper auch ein kräftiger Kopf von so guter Länge, daß im Fang kräftig ausgebildete Zähne nebeneinander Platz haben. Viele Collies haben einen so gestreckten Fang, daß zwischen den Zähnen, insbesondere den kleinen Prämolaren, die unmittelbar hinter den großen Fangzähnen stehen, Platz genug für Freiräume bleibt.

Augen. Sehr wichtiger Punkt, sie geben dem Hund den lieblichen Ausdruck. Mittelgroß (auf keinen

Fall sehr klein), etwas schräg eingesetzt, mandelförmig und von dunkelbrauner Farbe, ausgenommen bei den Blue-merles, bei denen die Augen häufig (eines oder beide ganz oder eines oder beide teilweise) blau oder blaugefleckt sind. Der Ausdruck ist voller Intelligenz, mit einem lebhaften und wachsamen Blick beim Lauschen.

Die Augen sind bei allen Hunden schon allein aus physikalischen Gründen wie Kugeln rund. Mandelförmig soll vielmehr die Form der Augenöffnung sein, die sogenannte Lidspalte. Die Lidspalte, deren Form für alle Rassen im Standard definiert wird, macht einen wichtigen Anteil des rassetypischen Gesichtsausdrucks aus. Das Auge ist für die gefühlsmäßige Wahrnehmung durch den Menschen, die sogenannte „Anmutung", Fixier- und Brennpunkt und somit jedenfalls ein Schlüsselelement. Nicht zuletzt werden Fotos von Hunden nur dann als zur Veröffentlichung geeignet betrachtet, wenn die Augen klar und scharf zu erkennen sind. Die Lidspalte ist eher oval, aber gut geöffnet. Werden die Lidspalten zu klein oder dreieckig in der Form, beeinträchtigt dies den typischen Ausdruck. Das macht den klassischen Ausdruck der Terrier-Rassen aus. Die haben keinen sanften, gewinnenden, sondern einen vor Temperament, vor „Feuer" sprühenden Ausdruck. Ganz falsch ist die Tendenz, immer kleinere Lidspalten und sehr tiefliegende Augen „elegant" oder „edel" zu finden und sie zu tolerieren. Aus wiederum funktionalen Gründen dürfen Augen weder hervortreten noch einsinken – ihre Position im Kopf bestimmt ganz wesentlich das Gesichtsfeld, das der Hund überblickt. Kein Hütehund hätte bei den Hirten Schottlands überlebt, der den Fuchs oder auch Räuber nicht gesehen hätte, weil der durch das enge Gesichtsfeld nicht entdeckt werden konnte.

Die Augen sind, von vorn aus Richtung der Körperlängsachse des Hundes betrachtet, nicht waagerecht eingesetzt, sondern mit ihren hinteren Augenwinkeln etwas angehoben, leicht schräg. Auch das kennzeichnet den rassetypischen Ausdruck. Selbst die Entfernung, mit der die Augen voneinander eingesetzt sind, ist von beachtlicher Wirkung. Stehen sie zu eng beieinander, macht das einen blöden Ausdruck, aber auch ein zu weiter Abstand, meist bei Hunden mit groben Köpfen anzutreffen, wirkt befremdlich.

Die dunkelbraune Augenfarbe bewirkt besonders den sanften Ausdruck. Daß man toleranter ist, wenn einmal ein Collie nicht ganz dunkelbraune Augen hat, ist bei Schauen und Zuchtzulassungs-Veranstaltungen auch Wirklichkeit. Für Zuchtwahl und Bestimmung der endgültigen Sieger darf die Augenfarbe hinsichtlich der Vorbildwirkung jedoch nicht zu gering geachtet werden. Warnend muß hier darauf verwiesen werden, daß mangelnde züchterische Steuerung der Augenfarbe bei manchen Hunderassen dazu geführt hat, daß nahezu keine Zuchttiere mit dunklen Augen mehr vorhanden sind. Eine Rückgewinnung des sanfteren Ausdrucks mit dunklen Augen ist sehr schwierig. Diesen Weg sollte diese Rasse nicht gehen müssen.

Die Ausführungen zur Augenfarbe sind vom Standard so genau formuliert, daß dies keiner weiteren Erläuterung bedarf. Es muß jedoch zum Kapitel „Augen" abschließend betont werden, daß nicht allein Augen, deren Farbe, Größe und Stellung, den idealen Ausdruck machen. Vielmehr das Zusammenwirken aller Faktoren, wie im Absatz „Charakteristika" bereits konzentriert erläutert, ist wichtig. Vollkommene Ausgewogenheit und richtige Zusammensetzung von Schädel und Vorgesicht, … „Größe, Form, Farbe und Sitz der Augen und … korrekt angesetzte und richtig getragene Ohren."

Lidschluß. Normal ist nicht, was die überwiegende Anzahl der gezeigten Hunde hat, sondern, was für den Hund funktional gesund ist. Und die FCI, der internationale Dachverband der nationalen Hundeverbände, dem der VDH und damit die die Rassen Collie und Sheltie betreuenden Vereine angehören, hat den Grundsatz, daß der Gesundheit des Hundes abträgliche Standardformulierungen schlicht nichtig sind. Von Zuchtrichtern so zu betrachten, als seien sie gar nicht da.

Wenn Augen beim Hund tief liegen, ist das Problem schon programmiert. Augen liegen nun mal bei den meisten Säugetieren so, daß sie nicht wesentlich über die übrige Hautoberfläche vorgewölbt angeordnet sind. Dies hat die Natur eingerichtet, um einen Schutz vor Verletzungen zu gewährleisten. Am oberen Rand des unteren und oberen Augenlids treffen zwei Arten von Häuten zusammen: die Schleimhaut, die stets feucht gehalten wird und zarter ist, und zum anderen die Haut, die beim Hund mit Haaren bewachsen ist. Zum Auge hingewendet sein darf nur Schleimhaut; wenn die mit Haaren bewachsene Haut das Auge berührt, erzeugt dies eine Irritation und damit Schmerzen und vermehrten Tränenfluß. Das Züchten solcher Veränderung ist ein Verstoß gegen die Grundsätze des Tierschutzes.

Wenn beurteilt werden soll, ob ein Entropium, nämlich ein Kippen des Schleimhaut-Saumes zum Auge hin vorliegt, muß sehr sorgfältig beobachtet werden, wo sich ohne Manipulation am Auge die Grenze zwischen Fellhaut und Schleimhaut befindet.

Nur die Position dieses Saums bestimmt, welche Abweichungen zur natürlichen, gesunden Augenlid-Position vorliegen. Kippt das Lid nach außen, vom Auge weg, ist das der Weg zum Ektropium, nach innen zum Entropium. Ein Ektropium (griechisch: „hinausdrehen") findet man am ehesten bei Hunden, die viel Haut mitbringen und oft schwer und stämmig sind sowie im Vergleich zur Größe des Augapfels recht kleine Augäpfel haben. Ein Entropium (griechisch: „hineindrehen") findet man eher bei den straffen, schlanken Typen; aber auch hier führt ein recht kleiner Augapfel dazu, daß die Lidränder nicht mehr anliegen – woran auch? Beides ist ungesund und falsch. Wer die Rasse liebt, wird versuchen, in der Zuchtauswahl beides zu vermeiden.

Alle Hunde dieser Arbeitsrassen haben stets Aktivität und Aufmerksamkeit verratenden Ausdruck, der von der Körperhaltung und -spannung ebenso vermittelt wird wie vom Ausdruck des Kopfes, der wesentlich von den Augen geprägt wird. Jedenfalls darf der Collie weder eingeschüchtert noch bettelnd schauen, das paßt nicht zu dieser stolzen, würdevollen Rasse.

Ohren. Klein, weder zu nah beieinander auf dem Schädel noch zu weit voneinander angesetzt. In der Ruhe zurückgelegt, jedoch sobald seine Aufmerksamkeit erregt wird, nach vorne gebracht und halbaufrecht getragen; d. h. annähernd zwei Drittel des Ohres stehen aufrecht und das obere Drittel kippt auf natürliche Art nach vorn bis unter die waagrechte Linie der Kippfalte.

Größe, Sichtbarkeit und Haltung der Ohren sind ein bedeutender Teil des Ausdrucks. In der Tat gibt es Freunde der Collies und Shelties, die verzückt nur auf Ohren und Augen oder das Haarkleid schauen, dabei kann man noch mehr Merkmale und Eigenschaften entdecken. Richtig ist jedoch, daß Ohren ein beweglicher Teil der Kopfsilhouette und damit ein wichtiges Instrument zur Sinneswahrnehmung des Hundes sind. Beim Collie unterstützen sie den Typ, wenn sie klein und richtig angesetzt sind sowie auch richtig gehalten werden. Große Ohren sind schwer. Sie sitzen daher meist zur Seite geneigt, vergleichsweise zwischen 50° und 140° eines Winkelmessers. Oft kippen schwere Ohren im oberen Drittel nach vorn, während das mit kleinen Ohren nicht passiert. Gekippte Ohren machen einen schlaffen und matten Ausdruck. Kleine, hoch angesetz-

Standardgerechter, edler Colliekopf mit korrekten Augen und bestens angesetzten und getragenen Ohren

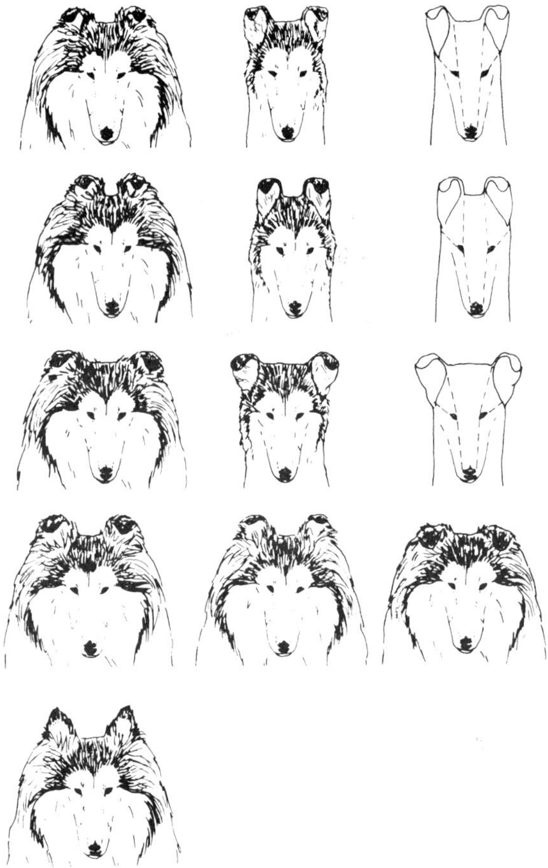

Bewertung des Kopfes
Oberste Zeile: Ohren gut angesetzt, gut getragen, richtige Größe; zweite Zeile: Ohren richtiger Größe und Form, aber zu nahe beieinander angesetzt (keine Fortsetzung der Keilform); dritte Zeile: Ohren richtiger Größe und Form, aber weit voneinander angesetzt (keine Fortsetzung der Keilform); vierte Zeile links: Ohren zu groß, aber gut getragen und gut angesetzt; Mitte: Dünne Ohren, zu sehr aufgestellt, sollten ein wenig besser kippen; Seitenfuß: Korrekte Ohren tragen zum richtigen Collie-Ausdruck bei, und sie betonen die Keilform des Kopfes. Aufrechtstehende Ohren sind höchst unerwünscht (aus Ejerstad „The Collie Standard", Rufina 1993)

te Ohren krönen die seitliche Ansicht der Nacken- und Halslinie. Von vorn gesehen betonen sie die gewünschte Kopfform eines stumpfen Keils (siehe auch Abbildung auf der Seite 56).

Fang/Gebiß. Die Zähne sind von guter Größe. Kiefer kräftig, mit einem perfekten, regelmäßigen und vollständigen Scherengebiß, wobei die obere Schneidezahnreihe ohne Zwischenraum über die untere greift und die Zähne senkrecht im Kiefer stehen.

Die Forderung nach kräftigen Kiefern kann gar nicht genug hervorgehoben werden. Insbesondere die Breite der Kiefer, vor allem die Breite des Unterkiefers, trägt zur Ausbildung eines rassetypisch gut ausgefüllten und kräftigen Kopfes bei. Ist der Oberkiefer von guter Breite, dann ist der Kopf des Collies unter den Augen nie leer und damit windig im Gesamtausdruck, sondern dort auch immer gut ausgefüllt. Dies trägt auch indirekt dazu bei, daß der Collie dann nicht aussieht, als hätte er „Backen“. Die Breite des Unterkiefers, der im übrigen etwas schmaler sein muß als der Oberkiefer, um die schneidenden und brechenden Bewegungen des Unterkiefers überhaupt erst zu ermöglichen, läßt sich schon in der Frontansicht des Kopfes ahnen: Man muß zwischen den beiden herabhängenden Oberlippen, den Lefzen, also die Vorderkante des Unterkiefers, sehen.

Ein gut gebauter, von den Lippen gesäumter Unterkiefer hat einen nur wenig gebogenen Frontverlauf, seine Grundform muß also, von oben gesehen, wie ein breites großes „U“ sein, nie wie ein großes „V“, die sechs Schneidezähne stehen dann nebeneinander. Wird der Unterkiefer mit der Tendenz „großes V“ enger, dann müssen die Schneidezähne, um noch nebeneinander zu passen, entweder viel kleiner sein, was für einen mittelgroßen Schäferhund nun mal indiskutabel ist, oder sie müssen sich halb hintereinander verschoben in „Kulissenstellung“ den vorhandenen Platz teilen. Noch schlimmer ist es, wenn es zum Fangzahn-Engstand in verschieden starker Ausprägung kommt. Normalerweise gehen die unteren Fangzähne bei geschlossenem Gebiß satt an der Vorderkante der oberen Fangzähne vorbei. Verändert sich aber der Unterkiefer in seiner Breite, kommt es oft zu einer Veränderung im Winkel, in dem die unteren Fangzähne im Kiefer stehen. Ihre Spitzen hinterlassen dann deutliche Eindrücke, oft richtige „Dellen“ im Zahnfleisch des Oberkiefers vor den oberen Fangzähnen. Das kann funktional natürlich nicht richtig sein. Und wenn der Fangzahn-Engstand so weit gediehen ist, daß die Spitzen der unteren Fangzähne das Zahnfleisch im Oberkiefer zurückdrängen oder gar direkt in den Gaumen stechen, dann hat das nicht nur für den betroffenen Hund einen erheblichen Leidenswert, sondern ein solcher Hund muß auch gewiß von der Zucht ausgeschlossen und im Ring entsprechend bewertet werden.

Die ordnungsgemäße Stellung der Schneidezähne ist sehr wichtig. Besonders auch die übergreifende Stellung der äußersten, mit I 3 (Incisivi = Schneidezähne) bezeichneten Zähne, sie erfüllen eine die großen Fangzähne (Canini) unterstützende Funktion.

Auch der Wortlaut dieses Rassestandards ist unpräzise, da sich wirklich nur der Unterkiefer des Hundes mittels kräftiger Muskeln bewegen läßt – es müßte also heißen, daß „die untere Schneidezahnreihe ohne Zwischenraum unter die obere greift …“. Das Scherengebiß ist gleichwohl hinreichend definiert, die unter dem Zahnfleisch liegende Innenfläche der oberen Schneidezähne berührt in geschlossenem Zustand des Gebisses die äußere Oberkante der unteren Schneidezähne. Alles andere ist kein ordnungsgemäßes Scherengebiß.

Da das Hundegebiß ein machtvolles Zerkleinerungsinstrument und das erste Glied im lebenswichtigen Funktionskreis Nahrungsaufnahme und Verdauung ist, ist das Fehlen von Zähnen, das diese Zerkleinerung wesentlich beeinträchtigen würde, nicht akzeptabel. Für das Verständnis eines vollständigen Scherengebisses haben sich die Zuchtrichter in Deutschland darauf geeinigt, daß es keinen vernünftigen Grund gibt, Gebisse zu tolerieren, die weniger als 42 Zähne nach der Standard-Zahnformel enthalten. Zur Erläuterung wird die Zahnformel sowohl des Milch- als auch des Dauergebisses des Hundes, das auch für den Collie gilt, wiedergegeben. Basis der abgekürzten Zahnbezeichnung ist die lateinische Bezeichnung der Anatomen: Id, I = Incisivi = Schneidezähne; Cd, C = Canini = Fangzähne, Pd, P = Prämolares = Vormahlzähne; M = Molares = (Mahl- oder) Backenzähne.

Milchgebiß (insgesamt 28 Zähne):

Oberkiefer:	3Id 1Cd 3Pd auf jeder Seite des Kiefers 7, insgesamt 14 Zähne
Unterkiefer:	3Id 1Cd 3Pd auf jeder Seite des Kiefers 7, insgesamt 14 Zähne

Bleibendes Gebiß (insgesamt 42 Zähne):

Oberkiefer:	3I 1C 4P 2M auf jeder Seite des Kiefers 10, insgesamt 20 Zähne
Unterkiefer:	3I 1C 4P 3M auf jeder Seite des Kiefers 11, insgesamt 22 Zähne

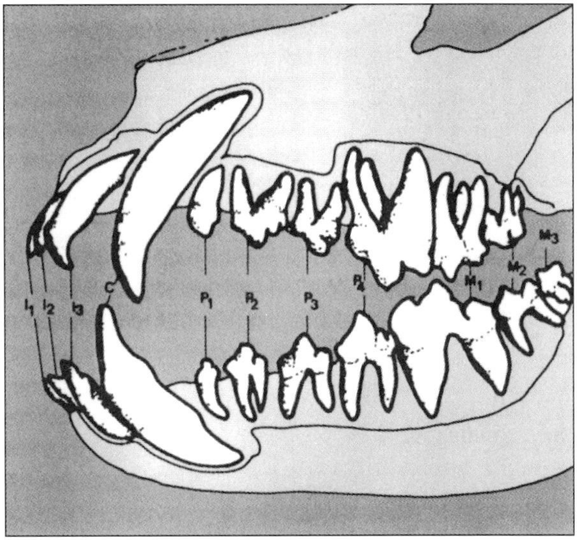

Bleibendes Gebiß des Hundes.
Sämtliche Zahnwurzeln sind freigelegt
(aus Dr. Peter Krüger, Wittmund, „Gebiß und Zähne des Hundes“, nach Budras/Fricke)

Es gibt zwar allgemein anerkannte Unterschiede in der Bedeutsamkeit von fehlenden Zähnen. Bei einem hohen Prozentsatz von vollzahnigen Collies mit komplettem Scherengebiß existiert eine reichliche Auswahl für die Zucht. Jene Minderheit ohne dieses Merkmal wird für die Zucht nicht gebraucht!

Daß Zähne „von guter Größe“ gefordert werden, hat seinen Grund in derselben Grundforderung, nach der jeder Schäferhund zum Beispiel kräftige Knochen haben muß. Zähne und Knochen entstammen demselben Entwicklungskreis des Hundefötus und hängen daher auch in ihrer Beschaffenheit und Ausprägung zusammen. Die Zähne sieht man im Maul freiliegend, die Knochen kann man nur erfühlen oder erahnen – also liegt ein Rückschluß von der Ausbildung der Zähne auf die der Knochen nahe.

Hals. Muskulös, kraftvoll, von angemessener Länge, gut gebogen.

Der Hals dient beim Hund nicht lediglich der Befestigung des Kopfes, sondern erfüllt insbesondere bei der Bewegung eine Gleichgewichts- und Ausgleichsfunktion wie die Rute am anderen Ende des Körpers. Die Länge des Halses ist, wie jeder erfahrene Züchter und Zuchtrichter weiß, ein guter Indikator für den Aufbau der Vorderhand. Hunde, die wegen ihres kurzen Halses auffallen, haben meist auch einen steil gestellten, kurzen Oberarm und ein nicht ausreichend zurückliegendes Schulterblatt. Um den Schwerpunkt des Gesamtvolumens nach vorn zu verlagern, strecken fast alle Hunde ihren Kopf, der dank seines hohen knöchernen Anteils erhebliches Gewicht hat, bei gestrecktem Hals nach vorn. Damit verlagert sich der Schwerpunkt, der im Stand etwa im Bereich des unteren Drittels beim hinteren Rippenkorb-Rand liegt, weiter nach vorn in Richtung Vorderhand, die Fortbewegung wird erleichtert. Daß und wie die Verlagerung des Schwerpunktes für die Lageveränderung unerläßlich ist, kann jedermann selbst ausprobieren. Es wird niemandem gelingen, bei senkrecht gehaltenem Oberkörper aufzustehen. Dies kann nur dann erfolgreich sein, wenn der Oberkörper nach vorn gebeugt, damit der Schwerpunkt über die Fallinie manövriert wird und die Beine den Körper aufwärts stemmen.

Damit sollte klar geworden sein, warum der Standard einen ziemlich langen Hals fordert. Funktional also, damit sich der Collie raumgreifend und flüssig bewegen kann; gestaltmäßig, damit die geforderte Würde im Profil gewahrt bleibt. Die gewölbte Halslinie ergibt sich aus einem gut bemuskelten Hals von richtiger Länge. Die Bemuskelung muß in der Lage sein, das hohe Gewicht des Kopfes mit seiner dichten und schweren Knochenmasse nicht nur den ganzen Tag lang zu tragen, sondern ihn auch mit enormer Muskelarbeit ständig zu bewegen. Wie sonst soll ein Collie aufmerksam und wach umherschauen? Eine gute Faustregel für Länge und Haltung des Kopfes ist, daß er keinesfalls zurückgezogen über den Schultern getragen werden darf. Mag dies bei einem langen Hals zwar elegant aussehen, so müssen wir uns doch besinnen, der Collie ist ein Hütehund und kein Schwan!

Vorhand. Schultern schräg und gut gewinkelt. Vorderläufe gerade und muskulös, wobei die Ellenbogen weder nach innen noch nach außen drehen, mit nicht zu starken Knochen.

Die Vorderhand des Hundes ist ein vielgliedriges Element des Hundeskeletts. Für die Beurteilung ist es notwendig, die Anatomie zu verstehen. Der Standard sagt nicht viel über die Winkelungen der Vorderhand, die Anforderungen ergeben sich eher als Rückschluß aus den Forderungen für den Bewegungstyp, den der Collie haben soll. Nur für die Schulter ist ausgesagt, daß sie schräg gelagert sein soll, die Vorderläufe, also Unterarm- und Vorderfußwurzelknochen, sollen absolut geradestehen. Wenn aber die Bewegung einerseits „frei" sein soll und die Hinterhand „im Knie gut gewinkelt", dann wird sich der Collie nur flüssig bewegen können, wenn die Winkelungen der Vorderhand zum übrigen Erscheinungsbild passen. Die Vorderhand muß ebenfalls gut gewinkelt sein.

Winkelungen, die Stellung von Gliedmaßenteilen, die durch ein Gelenk verbunden sind, sind der Trick der Natur, auftreffende Kräfte im Skelett von Säugetieren abzufedern. Sie sind höchst sinnreiche Vorrichtungen, um die Bewegung so effizient wie möglich, mit geringstem Kraftverbrauch, gestalten zu können. Wer sich nicht vorstellen kann, wie genial Winkel funktionieren, halte einmal einen Besenstiel fest umfaßt und stoße ihn mit aller Kraft auf den Boden – das merkt man doch recht stark! Stößt man mit derselben Kraft einen mehrfach abgeknickten Ast auf den Boden, ist der Unterschied auffällig. Die auftreffende Bewegungsenergie des Hundes wird in den Gelenken umgeleitet. Die begleitenden Muskeln sind mit ihrer Arbeit des Streckens und Zusammenziehens zusätzlich in der Lage, diese auftreffende Energie teilweise zu kompensieren.

Die andere Funktion der Winkelung ist die des Zusammenfaltens. Wie an der Zeichnung des trabenden Collies von Mia Ejerstad auf Seite 62 in Phase 7 zu sehen ist, hat der dem Betrachter zugewandte Vorderlauf seine maximale Streckung erreicht und setzt etwa in der Fallinie von der Nasenspitze, bei gut gebauten Hunden noch davor, auf. Der andere Vorderlauf ist am Ende der Stemmphase und wird gerade vom Grund aufgehoben. Wäre der Lauf nicht hier durch sein Vorderfußwurzelgelenk faltbar, würde der weit vorgreifende Hinterlauf derselben Körperseite mit dem Vorderlauf zusammenstoßen. Was sich auf der abgewandten Seite des gezeichneten Collies zeigt, ist, daß das Schulterblatt in eine fast senkrechte Stellung rotiert, und der zum Teil verborgene Oberarm zu diesem Zeitpunkt etwa horizontal liegt. Auf der uns zugewandten Seite ist die maximale Vorwärtsstreckung erreicht, der Unterarm etwa 45° zur Standfläche, der Oberarm steht etwa senkrecht. Nun wird es für alle einfach: Wenn der Zeichner die beiden Extremsituationen der Vorderhand dargestellt hat, müßte eigentlich die Mittelstellung genau zwischen diesen

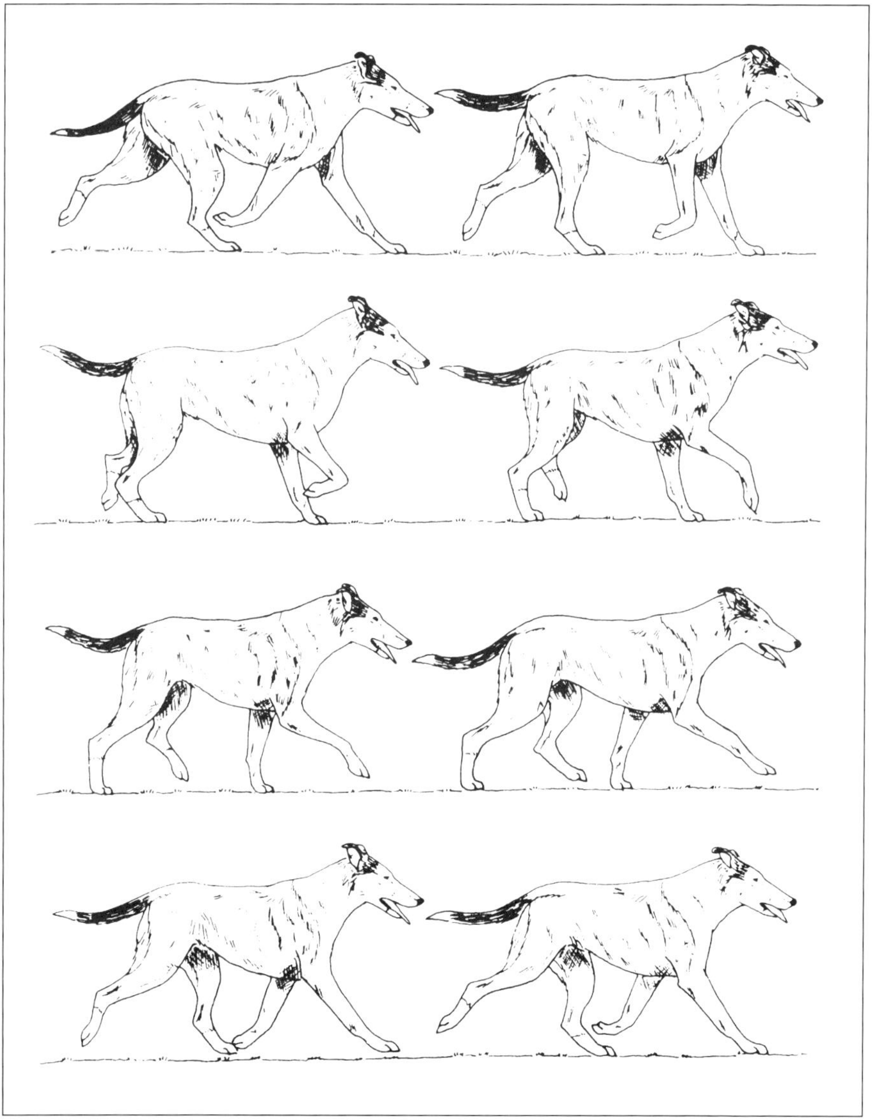

Noch besser zu beobachten sind die Abläufe korrekter Bewegung in Mia Ejerstads Zeichnung eines trabenden Kurzhaarcollies (aus Ejerstad „The Collie Standard", Rufina 1993)

beiden Extremen die erwünschte Normalstellung des Collies im Stand ergeben.

Ellenbogen, die weder nach innen noch nach außen drehen, sind effizient. Oberarm und der Rest der Vorderläufe, die sich in zwei zur Bewegungsrichtung parallelen Ebenen bewegen, sind hier die Forderung. Hunde mit solchen Abweichungen stehen im Praxistest einen Hütetag auf schwierigem Gelände kaum durch. Sie werden im Ring der Zuchtschau mit deutlichen Abwertungen belegt. Die sicher angeborene Neigung, die Ellbogen auszudrehen, kann beim heranwachsenden Hund durch unvernünftige Überfütterung, bewegungsmäßige Überanstrengung, aber auch durch törichte Duldung des Leinenziehens von Welpe und Junghund verschlimmert oder ausgepägt werden.

Daß die Vorderhand nicht zu starke Knochen haben soll, ist für den gewünscht würdevollen und wendigen Arbeitshund Collie selbstverständlich. Mit kräftigen Knochen gehen einher kräftige Gelenke mit großen Ansatzflächen für Sehnen und Bänder, daher findet diese Forderung des Standards hier funktional begründete Grenzen. Die Vorderläufe sollen absolut gerade sein, dies gilt, da nicht anders spezifiziert, sowohl für die Ansicht der Vorderhand von vorn als auch von der Seite. Wenn der Collie in der Frontansicht kein breiter Typ sein soll, kann die Knochensubstanz nicht in zwei mächtigen Säulen untergebracht werden, die nahe beieinander stehen. Weil die Vorderläufe aus zwei kraftvollen Knochen des Unterarms, der Elle und der Speiche, bestehen, werden diese beiden Knochen besser untergebracht, wenn sie aneinander liegen. So ergibt sich in der Seitenansicht eine größere Breite des Vorderlaufs als von vorn.

Unterarm und Vorderfußwurzelknochen stehen – nach Vorgabe des Standards – fast senkrecht (zwischen 135° beim Vorgreifen und etwa 45° beim Abheben), der Oberarm etwa bei 45° vom Ellbogenpunkt nach vorn geneigt. Das Schulterblatt muß im Stand bei etwa 120° zur Standfläche liegen. Eine andere Faustregel zu dem Winkelverhältnis Oberarm-Schulterblatt ist, daß der Öffnungswinkel etwa 80° beträgt. Die Richter behelfen sich mit vielen Grobannahmen, die anzeigen, ob der Hund etwa korrekt gebaut ist – so gilt auch, daß Schulterblatt und Oberarm etwa ähnliche Länge haben sollen, um einen weiten Vortritt der Vorderhand zu ermöglichen.

Körper. Im Vergleich zur Schulterhöhe etwas länger; Rücken fest, mit leichter Wölbung über der Lendenpartie. Rippen gut gewölbt. Tiefe Brust, dabei hinter der Schulter ziemlich breit.

Hier endlich wird das für alle Rassen unerläßliche typische Format beschrieben, wenn auch nicht sonderlich präzise. In der Hundewelt haben sich als Meßpunkte für die Länge die Entfernung vom vorderen Ende des Brustbeins bis zum Sitzbein, für die Höhe der Abstand des Punktes, an dem sich die beiden Schulterblätter am nächsten kommen, lotrecht zum Boden eingebürgert. Alle Rassen, die ausdauernd effizient laufen müssen, sind im Körperbau länger als hoch, denn sonst kämen sich die Läufe beim Bewegungsablauf des gestreckten Trabs gegenseitig ins Gehege.

Gleichwohl haben sich die Urheber des Rassestandards sich hier recht sparsam ausgedrückt. Der Rumpf hat mehrere wichtige Funktionen. Zum einen ist er das Verbindungsglied zwischen Vorder- und Hinterhand, aber auch Rauminhalt, Länge, vertikale und horizontale Ausformung bestimmen ganz wesentlich das Erscheinungsbild des Hundes. Bemuskelung und Beweglichkeit bestimmen die rassetypischen Bewegungen des Collies. Der Rumpf wird auch als Gebäude bezeichnet. Mit Recht ein Wort aus der Sprache der Bauleute, das in die Hundesprache eingegangen ist. Das Tragsystem des Rumpfes hat als zentralen Kern und obere durchlaufende Achse die Wirbelsäule. An den Rippen setzen eine Unzahl von Muskeln, Sehnen und Bändern an, die den Hund funktionsfähig machen. An sich aber ist die Wirbelsäule ein so bewegliches Element, daß der Hunderücken durchhängen würde, wenn der Rippenkorb nicht wäre. Der Rippenkorb ist mit seiner geschlossenen, in seinem Tiefpunkt durch das Brustbein verbundenen Hohlform die perfekte Aussteifung für die beiden vorderen Rumpfdrittel. Die lebenswichtigen Organe wic Lunge, Leber und Herz sind geschützt untergebracht. Die Menschen haben sich dieses wirksame Bauprinzip der Natur abgeschaut – genauso wird ein Schiffsrumpf mit Spanten verstärkt und ausgesteift. Nur mit der Wölbung der Rippen wird der Rippenkorb steif und stabil. Fährt man beim erwachsenen Collie vom Widerrist aus gleichzeitig mit beiden Händen auf den Rippenkorbseiten nach unten, so muß der Rippenkorb gleichmäßig wie ein auf der Spitze stehendes, etwas flacher gedrücktes Hühnerei geformt sein. Das schließt ein, daß die Wölbung gleichmäßig verläuft. Der Rippenkorb darf keine knotigen Auflagerungen, Dellen und Einzüge sowie keine schiffsbodenartige Abflachung am unteren Ende aufweisen.

Wenn man weiß, wie wichtig die Beschaffenheit dieses Teils der Anatomie ist, und wieviel durch ein reiches Haarkleid verdeckt werden kann, sind wir immer wieder erstaunt, wieviel Zuchtrichterkollegen ohne dieses Abfühlen Siegertitel verteilen. Veränderungen am Rippenkorb werden international „morphologische Fehler" genannt. Der Formwert „Sehr gut" nach den Regeln der FCI schließt diese aus.

Der Begriff „Tiefe Brust" ist ebenfalls festlegungsbedürftig. International besteht Einvernehmen darüber, daß die Unterkante des Rippenkorbs mindestens den Ellbogenpunkt erreichen, möglicherweise sogar unterschreiten soll. Der tiefste Punkt dieser Unterlinie muß exakt zwischen den beiden Vorderläufen liegen, nicht davor und nicht dahinter. Ebenso wichtig ist die korrekt ausgewölbte Form des Rippenkorbs unmittelbar hinter der Vorderhandkonstruktion. Flache Rippenkörbe gehen mit schwacher Rückenmuskulatur einher, dann ist die Wirbelsäule deutlich hervorgehoben und auch zu tasten. Zu breite oder zylindrisch geformte Rippenkörbe sind gleichwohl ebenso untypisch, sie sehen nicht nur grob aus, sondern gehen auch mit rollender, weit geführter Vorderhandbewegung einher.

Das Brustbein muß so weit nach hinten reichen, bis die Rippen, die im letzten Drittel des Rippenkorbs zur Lende hin verlaufen, ein nahezu geschlossenes Rippenschiff ergeben. Es ist nur durch Abtasten zu prüfen. Kurze, im hinteren Drittel nahezu offene Rippenkörbe sind ein schwerer anatomischer Nachteil. Diese Rippenkorbanlagen spüren erfahrene Züchter schon, wenn sie den Welpen auf der Hand haben. Als Faustregel für die Rippenkorblänge kann gelten, daß bei den meisten normal gebauten Hunderassen der Rippenkorb etwa zwei Drittel der Rumpflänge beansprucht. Eine solche Aufteilung sichert eine ziemlich kurze Lende, diejenige Abteilung des Rumpfes, in der die Wirbelsäule ausschließlich von Muskeln unterstützt wird. Die Lendenlänge wird bei Rüden etwas weniger und bei Hündinnen, bedingt durch die Platzerfordernisse bei Trächtigkeit, etwas mehr toleriert. Eine feste und im wesentlichen gerade Rückenlinie aber ergibt sich nur, wenn der Rücken kraftvoll bemuskelt, mit Muskeln gut bedeckt und ausgefüllt ist. Besonders entlang der Schwachstrecke Lende müssen mächtige Muskelstränge die Wirbelsäule beiderseits begleiten, um bei aller erforderlichen Flexibilität, die ein wendiger Hütehund für seine Arbeit haben muß, für die nötige Spannung zu sorgen. Wie auch soll ein Hund ansehnlich und stattlich sein, wenn er nicht eine muskulöse Lende, in jenem Bereich einen breiten Rücken und eine breite, mächtige Kruppe vorweisen kann?

Hinterhand. Oberschenkel muskulös; trocken und sehnig unterhalb der gut gewinkelten Kniegelenke. Sprunggelenke tief stehend und kraftvoll.

Was bedeutet Kniegelenk „gut gewinkelt"? Hier muß ein Textteil aus der Erläuterung der Vorderhand wiederholt werden: Winkelungen sind der Einfall der Natur, auftreffende Kräfte im Skelett von Menschen und Tieren abfedern zu können. Zugleich auch sinnreiche Vorrichtungen, um Bewegung so effizient wie möglich zu gstalten. Hier sei an entsprechende Ausführungen bei der Erläuterung der Vorderhand erinnert. Die andere Funktion der Winkelung ist die des Zusammenfalten-Könnens. Wie an der Zeichnung von Mia Ejerstad in der Abbildung auf Seite 62 Phase 7, zu sehen ist, hat der dem Betrachter zugewandte Hinterlauf gerade nach kräftigem Schub dem ganzen Hund einen Vorwärtsschub verpaßt, dabei ist er fast völlig gestreckt und möglichst weit nach vorn gesetzt, während der andere Hinterlauf mit Hilfe der Gelenke ein wenig zusammengefaltet wird. Wären da keine Gelenke und Winkelungen würde die Kruppe in der Bewegung stets auf- und abwippen, was für die Fortbewegung eine Kraftverschwendung wäre. Auch die Bemuskelung müßte weitaus schwerer sein und mehr Arbeit leisten, alles unnötiger Kalorienverbrauch. Je besser die Hinterhand insgesamt gewinkelt ist, um so besser paßt sie sich den Bewegungs- und Belastungsanforderungen an, um so weiter ist der Vortritt und Nachschub, um so effizienter bewegt sich der Hütehund vorwärts. Voraussetzung ist, daß die Vorderhand bewältigen kann, was die Hinterhand an Vorwärtsdrang erzeugt. Warum die Sprunggelenke tief stehen sollen, ist ein wenig zu kompliziert, um es im Rahmen dieses Buches erschöpfend zu erklären. Fest steht, Hunde mit dem Körpertyp „Dauerleister" ermüden mit kurzem Hintermittelfuß weniger als Hunde mit längerem.

Pfoten. Oval, mit gut gepolsterten Sohlen. Zehen an den Vorderpfoten gut, an den Hinterpfoten etwas weniger aufgeknöchelt und dicht zusammenstehend.

Auf den Pfoten ruht das gesamte Gewicht des Hundes. Die Eigenmasse erhöht auch die Beschleunigung, die der Körper des Hundes in der Bewegung erfährt. Um Witterungsunbilden und oft harte Umweltbedingungen aushalten zu können, sind Hundepfoten je nach Rasse unterschiedlich in Form, Größe, Festigkeit und im Maß der Polsterung der Pfotenballen. Stehen die Vorderläufe nahezu senkrecht auf, müssen die Pfoten natürlich bestens gepolstert sein, denn keine Winkelung des Vorderlaufs kompensiert sonst die Kraft, die aus Eigengewicht und Beschleunigung des Hundes kommt. Die Pfotenpolsterung und Form der Vorderhand ist ein Resultat der Stellung des Vordermittelfußes. Da der Hütehund einen in der Regel ziemlich senkrecht gestellten Vordermittelfuß hat, kommt die Belastung recht senkrecht direkt von oben auf die Pfoten. Also gilt: ziemlich gutes, dickes Pfotenpolster ist erforderlich. Aber der Standardwortlaut läßt im Umkehrschluß erkennen, daß der Vordermittelfuß doch etwas geneigt steht, denn sonst ergäben sich runde und nicht die geforderten ovalen Pfoten. Auch an der Hinterhand steht der Hintermittelfuß nahezu senkrecht, woraus sich auch für die Hinterpfoten dieselbe Anforderung ergibt. Die Pfoten müssen „kompakt", mit fest geschlossenen Zehen stehen. Ein Hütehund auf flachen Latschen mit gespreizten Zehen könnte sich bei der Arbeit nicht lange auf den Läufen, also auf den Pfoten halten. Der Standard sagt nichts über die Farbe der Krallen. Wenn aber die Hütehunde Rassen mit kompletter Sinneswahrnehmung sind und bleiben sollen, müssen bei jeder Zuchtzulassung auch Pigmentierungen der Hunde besichtigt und bewertet werden. Hierzu gehören dann neben der Farbe der Krallen auch die satt pigmentierten, nicht etwa aufgelöst gefleckten Lippenränder und möglichst dunkles Zahnfleisch.

Zur Länge der Krallen ist folgendes zu sagen. Wenn ein Hund, welcher Rasse auch immer, lange Zeit auf harten Flächen läuft, bleiben die Krallen kurz und die Pfoten fest und geschlossen, vorausgesetzt er hat die Anlage dazu. Bei einem der Autoren ist der engere Teil des Hundeauslaufes 30 cm hoch mit Grobkies bedeckt. Dieser ist immer trocken und gut gesäubert. Auch alte Meutemitglieder haben dadurch kurze Krallen und feste, geschlossene Pfoten.

Wenn Krallen mal gekürzt werden müssen, lassen Sie sich das am besten von einem erfahrenen Züchter zeigen, um beim Zurückschneiden nicht den Krallennerv zu treffen, denn das ist für den Hund schmerzhaft und kann auch blutig ausgehen. Als Werkzeug dient am besten eine Krallenzange, die einem überdimensionalen Seitenschneider aus dem Werkzeugladen ähnelt.

Rute. Lang, ihr Knochenende reicht mindestens zu den Sprunggelenken. In Ruhe wird sie tief mit leicht aufgebogener Spitze getragen. Bei Erregung kann sie höher, jedoch niemals über dem Rücken getragen werden.

Die Rute ist die äußere Fortsetzung der Wirbelsäule. Sie hat 20 bis 23 Wirbel. Sind einige dieser Wirbel untereinander verwachsen oder stehen nicht ordentlich hintereinander, wird dies als ernste Abweichung in der Skelettentwicklung angesehen. In der Fachsprache werden diese Abweichungen je nach Erscheinungsform z. B. als „Knickrute" oder „Blockbildung" bezeichnet. Genauer Aufschluß ergibt sich nur bei röntgenologischer Darstellung in zwei um 90° gegeneinander versetzten Ebenen – an der Wirklichkeit ändert aber auch eine Röntgenuntersuchung nichts. Solche Hunde werden in der Regel als Merkmalsträger von der Zuchtverwendung ausgeschlossen. Für die Rasse ist dies auch deshalb sinnvoll, weil es keinen vernünftigen Grund gibt, warum man nicht ausschließlich auf die 99 % der Zuchthunde ohne Ruten- und damit Skelettveränderungen zurückgreifen soll. Die Rute dient auch dem Hütehund als Steuer oder als Gegengewicht bei der Bewegung, dem Aufheben und Setzen der vier Pfoten. Soll dieses Gegengewicht ausreichend Masse haben, muß die Rute eine gewisse Mindestlänge aufweisen. Sie ist bei Collie und Sheltie, nicht anders als bei vielen anderen Rassen, an der Hinterkante des Hinterlaufes angelegt zu bemessen. Die Rutenspitze soll etwa bis zum Hintermittelfußwurzelgelenk, dem Sprunggelenk reichen. Kürzer sollte die Rute nicht sein. Lange Ruten sind selten. Die aufgebogene Spitze ist ein bei vielen Hirtenhunderassen erwünschtes Merkmal, aber fast immer nur bei den insgesamt längeren Ruten vorhanden. Die kürzeren Ruten werden leicht höher getragen, als der Standard erlaubt, und haben niemals diese Biegung an ihrer Spitze.

Die Haltung der Rute ist zum einen eine Frage der Stimmung des Hundes, aber hinsichtlich der Vorbedingungen ihrer Haltung auch eine Folge der Kruppenlage. Nicht im Standard beschrieben ist Ansatzort und -höhe der Rute. Haben Collie und Sheltie das rassetypische Profil, so ist die Kruppe leicht schräg gelagert, die Rute recht tief, etwa in der Mitte der langen Kruppe tief angesetzt. Solche Ruten können auch in der Erregung nicht zu hoch getragen werden. Zu hoch ist im übrigen dann, wenn die Rute zu einem erheblichen Teil über dem Rücken getragen wird. Daß bei diesen Rassen die Rute reich behaart sein muß, ist selbstverständlich. Natürlich neigen Rüden dazu, besonders in Gegenwart anderer Rüden, ihre Ruten dominant hochzunehmen. Mit Sorgfalt muß jedoch darauf geachtet werden, daß Collies oder Shelties, die ihre Rute erheblich höher tragen, als der Standard beschreibt, nur mit äußerster Zurückhaltung zur Zucht verwendet werden. Wie sich bei anderen Rassen erwiesen hat, ist es sehr schwer, einer Rasse züchterisch eine niedrigere Rutenhaltung erneut einzuzüchten, wenn die Ruten bereits bei den meisten Hunden der Rasse recht hoch getragen werden. Eine schlechte Rutenhaltung ist genetisch offenbar sehr hartnäckig. Die Haltung der Rute ist freilich auch ein Barometer für Stimmung und Selbstsicherheit des Hundes: Hütehunden, die im Stand die Rute aus der Senkrechten nach vorn bringen, sie einklemmen oder gar zwischen die Hinterläufe ziehen, fehlt es an der unerläßlichen Selbstsicherheit der Rasse. Bei vernünftigen Richtern führt ein solches Detail zu Recht zu harschen Abwertungen.

Gangart/Bewegung. Die Bewegung ist ein unverkennbares, charakteristisches Merkmal dieser Rasse. Ein gut gebauter Hund dreht niemals die Ellenbogen aus, dennoch kommen sich die Vorderpfoten in der Bewegung verhältnismäßig nahe. Strickendes, kreuzendes oder rollendes Gangwerk ist höchst unerwünscht. Von hinten betrachtet stehen die Hinterläufe von den Sprunggelenken zum Boden parallel, jedoch nicht zu eng zusammen. Von der Seite gesehen ist die Bewegung fließend. Hinterläufe kraftvoll mit starkem Schub. Ein entsprechend raumgreifender Schritt ist erwünscht, dieser sollte leicht und mühelos sein.

Wenn der Standard die Bewegung als unverkennbares und charakteristisches Merkmal dieser Rasse bezeichnet, wird dieser Aspekt neben dem Verhalten in den Augen der Autoren zu einem fundamentalen Bewertungskriterium. Entsprechend der ursprünglichen Bestimmung der Hütehunde muß man von Collie und Sheltie auch heute noch eine freie, mühelos ausgreifende Bewegung erwarten. Das heißt auch, daß sich der Hund elegant und fast schwebend ohne große Bewegung des Rumpfes in der Vertikalen fortbewegt. Es muß immer eine gewisse Spannung erkennbar sein, so daß der Hund jederzeit seine Richtung entschieden ändern oder aber in vollem Lauf auch höchst effektiv bremsen kann.

Auf den Zeichnungen Mia Ejerstads (Seite 62) ist wunderbar zu sehen, daß der gut gebaute Hütehund im gestreckten Trab (in Phase 6) mit dem Vorderlauf deutlich bis zur Falllinie von der Nasenspitze aus senkrecht auf den Boden vorgreift. Der Kopf des Hundes wird, um den Schwerpunkt des Körpers weiter nach vorn zu verlegen, gesenkt und gestreckt. Die Rückenlinie bleibt gerade, und eine korrekt gelagerte Kruppe läßt die Oberlinien unmittelbar vor der Rute nur ganz leicht abfallen. Der Hinterlauf setzt nahezu in Höhe der Fallinie vom Ende des Brustbeins auf, eine vorzüglich gewinkelte Hinterhand bringt enormen Vorwärtsschub, für den sich der Hinterlauf fast vollständig streckt. Bewegungen und ihre anatomischen Voraussetzungen einschätzen zu können sind leider den meisten Hundebesitzern, aber auch vielen Züchtern ein Buch mit sieben Siegeln. Auch nicht alle Zuchtrichter haben die Gabe, Unterschiede bei Hunden im Stand und bei sich bewegenden Hunden so deutlich zu sehen, daß sie die-

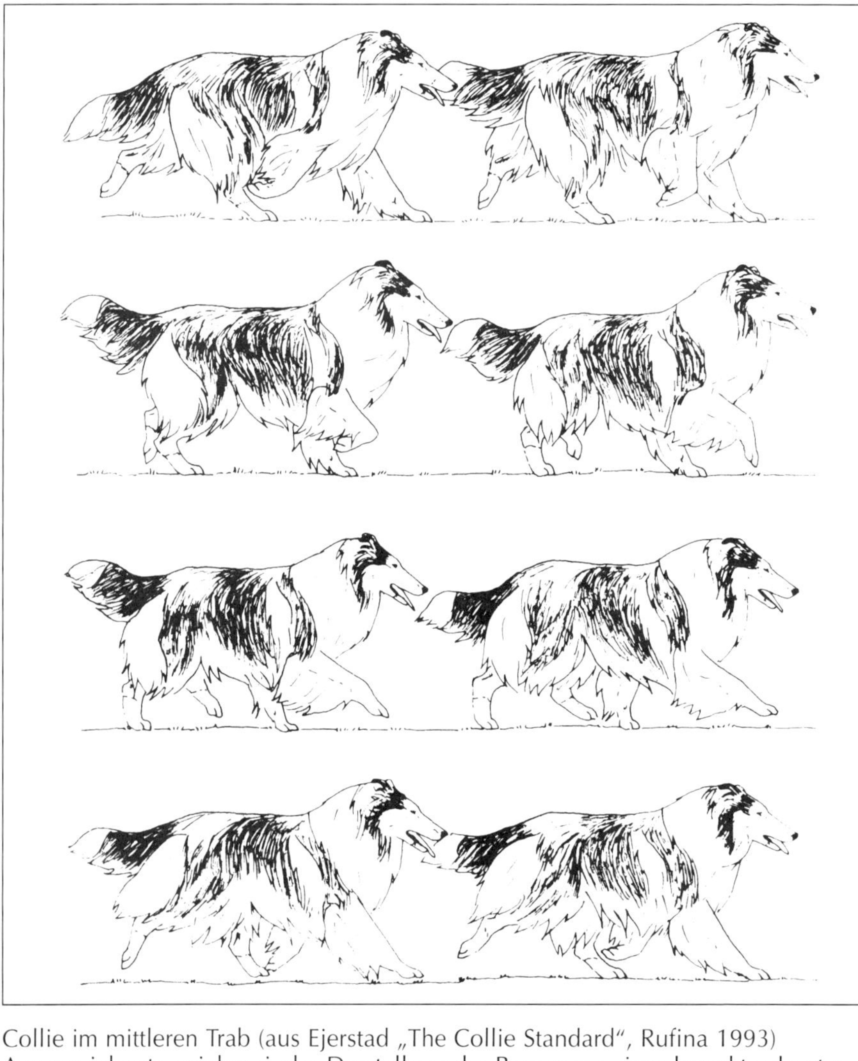

Collie im mittleren Trab (aus Ejerstad „The Collie Standard", Rufina 1993)
Ausgezeichnete zeichnerische Darstellung der Bewegung eines korrekt gebauten Collies: Geringstmögliches Anheben der Pfoten, weiter Vortritt der Vorderhand (fast bis zum Punkt des Lotes von der Nasenspitze auf den Boden), mächtiger Schub aus der Hinterhand. Große Schrittweite, fest bleibende Rückenlinie. In Phase 7 ist der Collie für einen Augenblick mit allen vier Läufen vom Boden, in der Schwebe. Diese Phase verleiht dem Bewegungsablauf die geforderte Eleganz

se auch beschreiben könnten. Die ursprüngliche Bestimmung des Hütehundes, weite Strecken unterschiedlichsten Terrains mühelos mit schnellen Reaktionen bewältigen zu können, setzt eine effiziente und wirtschaftliche Bewegungsform voraus, diese erfordert:

- keinen übermäßig schweren Kopf,
- keinen übertrieben, breit ausgeformten Rippenkorb,
- kurze Lende mit hervorragender Bemuskelung beider Lendenseiten,
- breite Kruppe,
- konditionierte flache, harte Muskeln.

Nur so kann das ständige Hoch- und Vorwärtswerfen der eigenen Körpermasse möglichst ohne Abweichung in die horizontale Bewegung umgesetzt werden. Daher sind Hunde, deren Vorder- und Hintergliedmaßen gut und flexibel gewinkelt sind, deren Rückenlinie in der Bewegung wie ein Schienenfahrzeug zu fahren scheint (der Widerrist bewegt sich hier nicht unnötig auf und ab) und deren Körperachse in der Bewegungsrichtung (Forderung des Standards: „gerade“) verharrt, die überlegenen Dauerleister. Wenn also Hütehund-Zuchtvereine schon keine Hüteprüfungen, die über einen ganzen Tag gehen, veranstalten, um dort die Dauerleistungsfähigkeit ihrer Zuchthunde bei der ursprünglichen Arbeit zu testen, so sollten sie für die Rasse Alternativforderungen simulieren. Hierzu wäre nach Ansicht der Autoren eine Belastung von 15 km in mittlerem Trab, eventuell mit Zwischenkontrollen durch Tierärzte in einer noch zu ermittelnden Höchstzeit, schon eine gute Bedingung für die körperbaubedingte Kondition.

Die Bewegung der Hinterhand folgt wieder dem Grundsatz des minimalen Aufwands. Von hinten gesehen bewegen sich die Hinterläufe möglichst in zwei senkrecht auf dem Boden aufstehenden, parallelen Ebenen, die parallel zur Bewegungsrichtung liegen. Nun ist der Hund natürlich keine „lebende Geometrie“, sondern jeder Hund ist anders, jeder Hund hat von Geburt an seine Eigenheiten. Zu den Neigungen jedes Hundes zählt, auch hier im Interesse der möglichst effizienten Bewegung, die Hinterläufe etwas näher zur gedachten Mittellinie der Bewegung zu setzen, die Hinterläufe konvergieren. Das heißt, daß die Ebenen, in denen sich die Hinterläufe bewegen, im Bereich der Pfoten weiter nach innen geneigt sind als in Höhe der Hüftgelenke. Erfahrene Züchter und Richter wissen das wohl zu bewerten. Sie konzentrieren sich ohnehin eher auf die Vorzüge eines Hundes als auf seine Schwächen.

Für eine funktional richtig gebaute Hinterhand ist die Kruppenlage und -länge von Bedeutung. Nach der Erfahrung haben Hunde, die in der

Hinterhand ohnehin schon zuwenig gewinkelt sind, auch noch schlecht bemuskelte Hinterläufe und eine sehr schräg gelagerte Kruppe. Die Kruppe ist ein kompliziert gebautes, aber kräftiges, nicht sichtbares Knochenstück, aus dem die Rute hervortritt. Liegt sie zu schräg, wird die Schubkraft aus der Hinterhand nicht optimal in die Bewegungsrichtung übertragen. Auch der Hund kann mit eingezogenem Hinterteil nicht schnell laufen.

Haarkleid. Paßt sich den Umrißlinien des Körpers an, sehr dicht. Deckhaar glatt, es fühlt sich hart an; Unterwolle weich, pelzig und sehr dicht, nahezu die Haut verbergend. Mähne und Halskrause üppig vorhanden. Maske und Gesicht glatt und kurz. Ohren an den Spitzen glatt und kurz, zum Ansatz hin zunehmend mehr Haar. Vorderläufe gut befedert, Hinterläufe oberhalb der Sprunggelenke üppig behaart, unterhalb jedoch kurz/ glatthaarig. Rute sehr üppig behaart.

Farbe. Drei anerkannte Farben.
Zobelfarben: Jede Schattierung von hellem Gold bis zum satten Mahagoni oder schattiert zobelfarben. Hell stroh- oder cremefarben ist höchst unerwünscht.
Tricolour: Vorwiegend schwarz mit satten, lohfarbenen Abzeichen an Kopf und Läufen. Ein Rostschimmer im Deckhaar höchst unerwünscht.
Blue-merle: Vorwiegend klares, silbriges Blau, mit schwarzen Flecken oder schwarzmarmorierter Zeichnung. Satte lohfarbene Abzeichen sind erwünscht, ihr Fehlen sollte jedoch nicht bestraft werden. Große schwarze Flecken, Schieferfarbe oder ein Rostschimmer sowohl im Deckhaar als auch in der Unterwolle sind höchst unerwünscht.
Weiße Abzeichen: Alle vorgenannten Farben können die für den Collie typischen weißen Abzeichen mehr oder weniger aufweisen. Folgende Zeichnung ist vorteilhaft: ganze oder teilweise weiße Halskrause, weiße Brust, Läufe und Pfoten, weiße Rutenspitze. Auf dem Vorgesicht und/ oder am Schädel darf eine Blesse vorhanden sein.

Körpergröße (Widerristhöhe). Rüden 56 bis 61 cm; Hündinnen 51 bis 56 cm.

Das Messen eines Hundes ist nicht einfach, da es sich hier um „weiche Objekte“ handelt. Von wo wird gemessen? Zu ertasten ist derjenige Punkt, an dem die beiden Schulterblätter bei erhobener Kopfhaltung am nächsten beieinander stehen, der Widerrist. Von diesem ist das Lot auf die vorzugsweise ebene Standfläche zu fällen. Das ist die gemessene Widerristhöhe. Voraussetzungen dazu sind, daß sich der Kehlkopf des Hundes etwa in Höhe der Rückenlinie befindet, daß die Vorderläufe und Hinterläufe senkrecht gut unter dem Hund stehen. Seitlich gesehen sollen auch die Hintermittelfußknochen senkrecht stehen. Nach den Erfahrungen der Autoren nach Bewertung von 19 000 Hunden erhält man jedoch nur dann ein einigermaßen zuverlässiges Ergebnis, wenn von zwei Richtern abwechselnd mit demselben Meßgerät je drei Messungen vorgenommen werden. Der Durchschnittswert aus den sechs Zahlen ist dann meist korrekt. Der Richter im Schauring wird selten messen, meist nur, wenn auffällig große oder, was beim Collie viel schlimmer ist, auffällig kleine Hunde vorgestellt werden. Richter merken sich oft als Hilfspunkt, wie weit die Größenskala gemessen an ihrem Hosenbein oder Rocksaum geht. Ich habe auch schon gesehen, wie Kollegen sich Markierungen am Richtertisch anbrachten. Oft wird vor Beginn der Schau die Höhe der Ringabgrenzung ausgemessen.

Die Schulterhöhe ist bei Hunden ein stark vererbliches Merkmal. Züchter können folglich ziemlich schnell Rassen verkleinern oder vergrößern, haben aber natürlich auf dem Wege zur angestrebten Größe bei den Nachwuchshunden viele Größenabweichungen. Gleichwohl ist es wünschenswert, daß man die Selektion von Zuchttieren, die vordringlich auf Verhaltensgesundheit, dann auf körperliche Gesundheit und Leistungsfähigkeit, erst dann auf Typ und „Schönheit“ zielen sollte, nicht zu Beginn mit Dingen belastet, die man vermeiden könnte. Zu den vermeidbaren Problemen zählen wir erhebliche Abweichungen der zulässigen Schulterhöhe.

Fehler. Jede Abweichung von den vorgenannten Punkten sollte als Fehler angesehen werden, dessen Bewertung im genauen Verhältnis zum Grad seiner Abweichung stehen sollte.

Ein typischer, doch zu hinterfragender Text im Hundewesen, denn die Bewertung wird so ganz dem Bewertenden überlassen. Es gibt jedoch weltweit einen „Konsens der Sachverständigen“, daß funktional bedeutsame Abweichungen, die den jeweiligen Hund hinsichtlich seiner ursprünglichen Verwendung oder hinsichtlich seiner eigenen Gesundheit beeinträchtigen, mit drastischen Abwertungen belegt werden müssen, besonders dann, wenn diese Abweichungen vererbt werden können. Hierzu zählt zum Beispiel das Fehlen von für das

Hundegebiß wichtigen Zähnen oder eine zu geringe Rippenkorbentwicklung.

Anmerkung. Rüden sollten zwei offensichtlich normal entwickelte Hoden aufweisen, die sich vollständig im Skrotum befinden.

Dieser in allen britischen Standards enthaltene Text ist natürlich besonders bei einer langhaarigen Rasse widersinnig, denn auch der begnadetste Zuchtrichter kann nicht sehen, daß es sich um normal entwickelte Hoden handelt. Er muß hinlangen und fühlen. Auch das ist ein guter Verhaltenstest beim vorgestellten Hund. Die Fortpflanzung ist in der Biologie nun einmal der wichtigste Funktionskreis zur Erhaltung der Art. Daher müssen erhebliche Unterschiede in Konsistenz oder Größe der Hoden bzw. das Verbleiben von 50 % der äußeren Keimdrüsen im Bauchraum zum Zuchtauschluß des jeweiligen Merkmalsträgers führen, damit auch zu einer entsprechend kritischen Schaubewertung. Erfahrene Züchter züchten aus Linien, die bereits ein gesundes, normales Muster der Fortpflanzung zeigen. Fehler bei Hündinnen können sein: Die Hündin läßt sich ohne Hilfe nicht belegen; es treten unregelmäßige Läufigkeiten auf; Wurfakte zeigen Komplikationen oder eine mangelnde Fitneß führt zu Würfen mit geringer Welpenzahl.

Abschließend ein Wort zur Übersetzung: Natürlich steht hier wie an vielen anderen Stellen im Text „sollten“ und nicht „müssen“. Die Übersetzung aus dem Englischen verwendet den Begriff „should“. Forscher der englischen Sprache bestätigen stets, daß „should“ einen erheblich stärkeren Forderungscharakter hat, als das in der deutschen Sprache mitunter unverbindlich verstandene „sollte“. Ganz im Gegenteil, die Worte „should“ und „soll“ haben einen bestimmenden Charakter. Wie heißt es in den zehn Geboten? „Du sollst nicht töten.“

Rassestandard Collie Kurzhaar

Gray (1891) sagte: „Gute Kurzhaarcollies sind selten, was sich dadurch erklärt, daß sie als Ausstellungshunde weniger populär sind. Es wird auch nicht soviel Sorgfalt darauf verwandt, sie zu verpaaren und mit ihnen zu züchten wie bei den Langhaarcollies. Viele der Kurzhaarcollies, die heute gezeigt werden, haben keinen Abstammungsnachweis und man sieht ihrem Äußeren mit dem Lurcher-Typ oft an, daß eine Kreuzung mit einem Greyhound dahinter steckt. In manchen Kreisen wird behauptet, daß der Ursprung dieser Form ohnehin einer Kreuzung mit dem Greyhound entstamme. Einige dieser Hunde sind von bemerkenswerter Schlauheit und finden als Hunde für

Diesem Kurzhaarcollie sieht man die Verwandtschaft mit anderen Rassen durchaus noch an: Glatthaariger Collie „Linney Erella" (Aga Gräfin vom Hagen „Die Hunderassen", Potsdam 1915)

Wilderer nicht ihresgleichen. Sie jagen stumm und schnell, werden von Liebhabern dieses Sports oft des Nachts für die Hetzjagd auf Hasen eingesetzt, wobei sie mit großer List große Erfolge zeigen. Die größten Mängel der ausgestellten Kurzhaarcollies sind schwere Ohren und ein offenes Haarkleid."

Freilich kann man sich, insbesondere wenn man sich die Abbildungen und den Text von „Bewicks History of Quadrupeds" anschaut, nicht ganz des Eindrucks erwehren, daß der „Cur", dessen Abbildung auf Seite 12 wiedergegeben ist, ein vergröberter Kurzhaarcollie für den Gebrauch des Ackerbauern ist. Auch der Text Bewicks legt nahe, daß Collieblut im „Cur" fließt, der nur für die robusteren Aufgaben mit anderen großwüchsigen Rassen gekreuzt wurde.

Kurzhaarigkeit ist bei den meisten Rassen dominant über Langhaarigkeit, d. h., daß ein Collie, der eine Erbanlage für Kurzhaarigkeit in sich trägt, kurzhaarig ist. Soweit der Standard des Kurzhaarcollies mit dem des Langhaarcollies identisch ist, wird er nur kurz wiedergegeben. Es gilt dann die Kommentierung des Standards des Langhaarcollies.

Allgemeines Erscheinungsbild. Ein Hund mit viel Intelligenz, Wachsamkeit und Aktivität. Ist voller Würde, diese wird durch den perfekten Körperbau unterstrichen, wobei kein Teil unharmonisch sein darf. Insgesamt scheint er fähig zum Arbeiten.

Wesentlich ist, daß dieser Hütehund im Ruhezustand aufmerksam und würdevoll den Überblick behält, über seine Herde wacht und den Eindruck vollster Konzentration vermittelt, aber in Muskelspannung und Kondition deutlich erkennen läßt, daß er einer Arbeitsrasse angehört. Diese Rasse mit ihrem sehnigen, schlanken Körperbautyp übersteht einen langen Arbeitstag unter widrigsten Witterungsbedingungen mühelos, und auch noch am Ende des Tages ist dieser Hund noch arbeitswillig. Auch hier die Forderung der Ausgewogenheit – jegliche Übertreibung beeinträchtigt das Gesamtmaß der Leistungsfähigkeit.

Ein zu feiner, zu schwerer oder im Körper zu kurzer Collie ist ebensowenig standardgerecht wie ein zu wohlgenährter, zu magerer oder schlaffer Hund dieser Rasse. Ein Collie ohne unerschütterliche Selbstsicherheit, die als „Würde" des Hundes erscheint, ist gänzlich untypisch für die Rasse.

Charakteristika. Der Körperbau ist geprägt von Kraft und Aktivität, er ist frei von Plumpheit und ohne jede Spur von Grobheit. Der Ausdruck ist von größter Wichtigkeit. Betrachtet man die hierfür relevanten Merkmale, so wird er geprägt durch die vollkommene Ausgewogenheit und die richtige Zusammensetzung von Schädel auf Vorgesicht, durch Größe, Form, Farbe und Sitz der Augen und durch korrekt angesetzte, richtig getragene Ohren.

Siehe auch Kommentar Langhaarcollie Seite 48.

Kopf und Schädel. Die Besonderheit des Kopfes ist von großer Wichtigkeit; er muß im Verhältnis zur Größe des Hundes betrachtet werden. Von vorn oder von der Seite gesehen gleicht der Kopf einem gut abgestumpften, sauber geschnittenen Keil mit glatten Außenlinien. Der Schädel ist flach

Eine großartige Hündin ist die holländische „Markylla's Sweet Blue Mary Lou" (aus der Zucht von Frau Noorda-Meertens), die 1996 den Titel „Beste in Holland gezüchtete Hündin aller Schäfer-, Hirten- und Treibhunde" errang und 1997 bei der Clubschau zum „Besten Hund der Ausstellung" unter 250 Collies gewählt wurde

und verjüngt sich an den Seiten allmählich in einer glatten Linie von den Ohren bis zur Spitze der schwarzen Nase, ohne daß die Wangenknochen hervorstehen und ohne daß der Fang dünn und spitz wirkt. Im Profil betrachtet, verlaufen die obere Linie des Schädels und des Vorgesichts parallel und gerade und sind gleich lang. Sie werden durch einen leichten, jedoch wahrnehmbaren Stop oder

Absatz geteilt. Der Mittelpunkt zwischen den inneren Augenwinkeln (der gleichzeitig das Zentrum eines korrekt plazierten Stops ist) stellt den Mittelpunkt einer ausgewogenen Kopflänge dar. Das Ende des glatten, gut abgerundeten Fanges ist stumpf, niemals quadratisch.

Unterkiefer kräftig und gut geformt. Die Tiefe des Schädels, von den Augenbrauen zur Unterkante des Unterkiefers hin, darf niemals übermäßig sein (insgesamt nicht tief), Nase grundsätzlich schwarz.

Augen. Sehr wichtiger Punkt, sie geben dem Hund den lieblichen Ausdruck. Mittelgroß (auf keinen Fall sehr klein), etwas schräg eingesetzt, mandelförmig und von dunkelbrauner Farbe, ausgenommen bei den Blue-merles, bei denen die Augen häufig (eines oder beide ganz oder eines oder beide teilweise) blau oder blaugefleckt sind. Der Ausdruck ist voller Intelligenz, mit einem lebhaften und wachsamen Blick beim Lauschen.

Siehe Kommentar Langhaarcollie Seite 52.

Kleiner Spaß im Auto: Kurzhaarcolliemeute aus der holländischen Zuchtstätte „Markylla" der Frau Noorda-Meertens

Ohren. Mäßig groß, breiter am Ansatz, weder zu nahe beieinander auf dem Schädel noch zu weit voneinander angesetzt. In der Ruhe zurückgelegt, jedoch sobald seine Aufmerksamkeit erregt wird, nach vorne gebracht und halbaufrecht getragen, d. h., annähernd zwei Drittel des Ohres stehen aufrecht und das obere Drittel kippt auf natürliche Art nach vorne bis unter die waagrechte Linie der Kippfalte.

Hier einer der wenigen Textunterschiede zwischen den Standards für Langhaar- und Kurzhaarcollies:

Während die Ohren des langhaarigen Collies klein sein müssen, dürfen die des kurzhaarigen Vetters ein wenig größer sein und an ihrer Basis breiter. Den Kommentar finden Sie auf Seite 54.

Fang/Gebiß. Die Zähne sind von guter Größe. Kiefer kräftig, mit einem perfekten, regelmäßigen und vollständigen Scherengebiß, wobei die obere Schneidezahnreihe ohne Zwischenraum über die untere greift und die Zähne senkrecht im Kiefer stehen.

Hier gibt es keine Abweichungen zum Gebiß des langhaarigen Collies. Das Gebiß ist auf Seite 57 kommentiert.

Hals. Muskulös, kraftvoll, von angemessener Länge, gut gebogen.

Betrachtet man einen kurzhaarigen Collie neben einem langhaarigen, dann hat letzterer natürlich optisch einen starken Hals, denn die große Mähne, die insbesondere ein Langhaarrüde haben muß, ist beeindruckend. Oft ist darunter kein muskulöser Hals, die Mähne täuscht. Beim Kurzhaarcollie ist eine solche Täuschung nicht möglich. Weitere Ausführungen zum Hals finden Sie auf Seite 60.

Vorhand. Schultern schräg und gut gewinkelt. Vorderläufe gerade und muskulös, wobei die Ellenbogen weder nach innen noch nach außen drehen, mit mäßig starken Knochen. Vorderläufe etwas „fleischig“, die Vorderfußwurzelgelenke sind geschmeidig und ohne Schwäche.

Für die Gestalt der Vorderhand wird vom Kurzhaarcollie mehr verlangt als von den langhaarigen Verwandten, nämlich stärkere Knochen. Gefragt sind offenkundig gerade Unterarme. Speiche und Elle sind ausreichend mit Muskeln besetzt, so daß der Vorderlauf rund erscheint. Keinesfalls darf der Kurzhaarcollie in der Vorderhand steil gestellt sein, man muß die Flexibilität und Stärke der Vorderfußgelenke klar erkennen

Hervorragende Vorderhandstellung bei Frau Noorda-Meertens' holländischem zobel-weißem Kurzhaarcollie „Darling Damira"

können. Was sonst noch zur Vorderhand zu sagen ist, finden Sie auf Seite 60.

Körper. Im Vergleich zur Schulterhöhe etwas länger; Rücken gerade und fest, mit leichter Wölbung über der Lendenpartie. Rippen gut gewölbt. Tiefe Brust, dabei hinter der Schulter ziemlich breit.

Es ist also das gleiche Format wie beim Langhaarcollie gefordert. Deutlich ist im Standard formuliert: Der Rücken muß gerade sein! Auch die leichte Wölbung über der Lendenpartie wurde schon auf Seite 64 ausführlich besprochen.

Hinterhand. Oberschenkel muskulös, trocken und sehnig unterhalb der gut gewinkelten Kniegelenke. Sprunggelenke tief stehend und kraftvoll.

Siehe auch Text und Kommentar zum Langhaarcollie auf Seite 65.

Pfoten. Oval, mit gut gepolsterten Sohlen. Zehen an den Vorderpfoten gut, an den Hinterpfoten etwas aufgeknöchelt und dicht zusammenstehend.

Siehe auch Text und Kommentar zum Langhaarcollie auf Seite 66.

Rute: Lang, ihr Knochenende reicht mindestens zu den Sprunggelenken. In Ruhe wird sie tief mit leicht aufgebogener Spitze getragen. Bei Erregung kann sie höher, jedoch niemals über dem Rücken getragen werden.

Siehe auch Text und Kommentar zum Langhaarcollie auf Seite 67.

Farbe: Drei anerkannte Farben: Zobelfarben-weiß, Tricolour und Blue-merle.
Zobelfarben: Jede Schattierung von hellem Gold bis zum satten Mahagoni oder schattiert zobelfarben. Hell stroh- oder cremefarben ist höchst unerwünscht.
Tricolour: vorwiegend schwarz mit satten, lohfarbenen Abzeichen an Kopf und Läufen. Ein Rostschimmer im Deckhaar höchst unerwünscht.
Blue-merle: vorwiegend klares, silbriges Blau, mit schwarzen Flecken oder schwarzmarmorierter Zeichnung. Satte lohfarbene Abzeichen sind erwünscht, ihr Fehlen sollte jedoch nicht bestraft werden. Große schwarze Flecken, Schieferfarbe oder ein Rostschimmer sowohl im Deckhaar als auch in der Unterwolle sind höchst unerwünscht.
Weiße Abzeichen: Alle vorgenannten Farben können die für den

Collie typischen weißen Abzeichen mehr oder weniger aufweisen. Folgende Zeichnung ist vorteilhaft: ganze oder teilweise weiße Halskrause, weiße Brust, Läufe und Pfoten, weiße Rutenspitze. Auf dem Vorgesicht und/oder am Schädel darf eine Blesse vorhanden sein.

Größe(Widerristhöhe):

Rüden	56 bis 61 cm
Hündinnen	51 bis 56 cm

Gewicht:

Rüden	20,5 bis 29,5 kg
Hündinnen	18,0 bis 25,0 kg

Fehler. Jede Abweichung von den vorgenannten Punkten sollte als Fehler angesehen werden, dessen Bewertung im genauen Verhältnis zum Grad seiner Abweichung stehen sollte.

Ein Musterbeispiel für seine Rasse: Frankenbergers erfolgreicher britischer Import-Sheltierüde „Mehalah Merry Man“

Anmerkung. Rüden sollten zwei offensichtlich normal entwickelte Hoden aufweisen, die sich vollständig im Skrotum befinden.

Rassestandard Sheltie

Durch eine Umformung des Kopfes ist die Erscheinungsform des Shelties gestreckter geworden. Die Hunde ähneln tatsächlich auf den ersten Blick miniaturisierten Collies. Dieser Eindruck wird aber relativiert, wenn man den Sheltiestandard genau betrachtet.

Allgemeines Erscheinungsbild. Kleiner, langhaariger Arbeitshund von großer Schönheit, frei von Plumpheit und Grobheit. Umrißlinie symmetrisch, so daß kein Teil unproportioniert erscheint. Das üppige Haarkleid, die üppige Mähne und Halskrause und ein schön geformter Kopf mit einem lieblichen Ausdruck verbinden sich zum idealen Erscheinungsbild.

Nach Kenntnis vieler Standards sei den Autoren gestattet, die sprachliche Qualität der Übersetzung dieses Standards ausdrücklich zu loben. Eine höchst präzise Beschreibung einer Zielvorstellung, wobei die Betonung des Arbeitshundes gerade bei Rassen dieser Größe sinnvoll und wichtig ist. Der geforderte liebliche Ausdruck erfordert dunkelbraune Augen. Hellere beeinträchtigen die Lieblichkeit, sie erzeugen einen scharfen Raubvogelausdruck. Wichtig ist festzustellen, daß ein langhaariger Arbeitshund gefordert ist und nicht ein stark behaarter Gesellschaftshund.

Charakteristika. Wachsam, sanft, intelligent, kräftig und lebhaft.

Die Wachsamkeit der Shelties ist eine nützliche Eigenschaft, insbesondere auf den Shetland Inseln, wo jeder seinen Besitz gern bewachen läßt. Bellende Shelties stören da nicht, dieses Verhalten ist willkommen. Diese Eigenschaft ist über die lange Zeit der Zucht auf Schönheit trotzdem erhalten geblieben. Mitunter wird den Shelties hier eine ausdauernde Leistung auferlegt. Wer also nicht im Umkreis von 400 m Nachbarn hat, tut gut daran, diesem Verbellen Einhalt zu gebieten. Dies wird leicht fallen, denn der Sheltie ist von schneller Auffassungsgabe. Der Terminus „kräftig" sagt dem Beobachter erneut, daß in der Zucht Arbeitshunde gewollt sind und nicht feinknochige Hunde. Im Schauring ist auch die Lebhaftigkeit als Rassemerkmal zu beachten. Hunde, die regungslos im Ring stehen, sind nicht typisch. Shelties sind stets in Aktionsbereitschaft.

Wesen. Liebevoll und verständig gegenüber seinem Herrn, reserviert gegenüber Fremden, niemals nervös.

Hier kommen wir zur Begrenzung der Aktivität, denn nervös darf ein Sheltie nicht wirken. Als Hütehund muß ein Sheltie zeigen, daß er im Ring nicht zurückweicht, wenn sich ihm ein Dritter nähert. Nimmt sein Vorführer darauf nicht Einfluß, läßt sich ein typischer Sheltic nicht auf Anhieb anfassen. Grund genug, diese Verhaltenssituation vorher zu üben. Selbst das Ausweichen von einer Arbeitssituation, muß selbstbewußt und ruhig geschehen. Der Hund darf nicht hektisch oder scheu wirken. Scheuheit wird von Zuchtrichtern ebenso wie Züchtern radikal bekämpft.

Kopf und Schädel. Kopf edel, von oben oder von der Seite gesehen wie ein langer stumpfer Keil, der sich von den Ohren zur Nase hin verjüngt. Die Breite des Schädels steht im richtigen Verhältnis zur Länge von Schädel und Fang. Das Ganze muß in Anbetracht der Größe des Hundes bewertet werden. Schädel flach, mäßig breit zwischen den Ohren, ohne daß das Hinterhauptbein hervorragt. Wangen flach, glatt in den gerundeten Fang übergehend. Schädel und Fang gleich lang. Teilungspunkt ist der innere Augenwinkel. Oberlinie des Schädels verläuft parallel zu Oberlinie des Fangs, mit leichtem, aber deutlich erkennbarem Stop. Nase, Lefzen und Lidränder schwarz. Der charakteristische Ausdruck ergibt sich durch die vollkommne Harmonie in der Verbindung von Schädel und Vorgesicht, durch Form, Farbe und Plazierung der Augen und durch die richtig angesetzten und korrekt getragenen Ohren.

Natürlich müssen Kopf und Schädel als spontan ausdrucksvollste Körperteile ausführlich beschrieben werden. Der Sheltiekopf ist ähnlich, aber in Details anders als der des Collies; einige Erläuterungen zum Colliekopf auf Seite 51 treffen auch zu. So ist die Keilform des Kopfes schon allein größenbedingt weniger stumpf als beim Collie. In diesem Zusammenhang ist es von äußerster Wichtigkeit, daß der kräftige Unterkiefer in seiner ganzen seitlichen Ansicht mit einer Mindesthöhe zu sehen ist. Das Kinn bleibt in der Frontansicht sichtbar. Der Stirnabsatz (Stop) ist deutlich ausgeprägt, was beim Collie unerwünscht wäre. Ein weiterer Unterschied besteht in Kopfform und Ausdruck. Der Colliekopf ist langgestreckter (länger im Vorgesicht) als der Sheltieschädel.

Fang/Gebiß. Kiefer ebenmäßig, glatt geschnitten, kräftig, mit gut entwickeltem Unterkiefer. Lippen fest geschlossen. Zähne gesund mit einem perfekten, regelmäßigen und vollständigen Scherengebiß, wobei die obere Schneidezahnreihe ohne

Kopfstudie des Shelties „Blue Klarissa O'the Highlands". Gut sichtbar: Ein Teil der Iris des rechten Auges dieses Shelties ist blau – normale und korrekte Farbstellung bei Blue-merle-Hunden

Zwischenraum über die untere greift und die Zähne senkrecht im Kiefer stehen. Ein vollständiger Satz von richtig plazierten 42 Zähnen ist höchst wünschenswert.

Neben den allgemeinen Erläuterungen zu Zähnen und Gebiß auf Seite 57, muß erneut auf die Qualität des Unterkiefers hingewiesen werden – sie ist den Schöpfern des Standards einen eigenen Passus wert gewesen. Mit Sorgfalt ist auch die Position der unteren Fangzähne zu betrachten. Wir verweisen in diesem Zusammenhang auf die Ausführung zum Fangzahn-Engstand. Der insgesamt straff und trocken bemuskelte Sheltie darf auch keine lose Haut zeigen; das fängt bei den Lippen und den Lidrändern an, setzt sich beim Maulwinkel fort, den man nicht ausgeprägt sehen darf, und gilt bis zur unteren Halslinie, an der keine Kehlhaut zu sehen sein darf.

Augen. Mittelgroß, schräg eingesetzt, mandelförmig. Dunkelbraun, außer bei den merlefarbenen Hunden, wo ein oder beide Augen gesprenkelt sein dürfen.

Allgemeine Ausführungen zu Farbe, Sitz und Rolle der Augen finden Sie auf Seite 52. Daß das „schräg eingesetzte“ Auge deutlicher erscheint, als das „etwas schräg eingesetzte“ beim Collie, muß auch bei der Bewertung des Shelties beachtet werden. Für die Sprenkelung der Augen bei merlfarbenen Shelties ist ein Abbildungsbeispiel die beste Demonstration.

Durch die gestreckte Keilform seines Kopfes fällt das mandelförmige Auge des Collies mehr auf und bringt bei korrektem Augensitz den edlen Ausdruck zur Geltung. Das Sheltieauge ist gemäß Standard zwar auch mandelförmig, aber durch den gedrungenen Kopf scheint das Auge größer und runder zu sein, und der gesamte Ausdruck wirkt demzufolge „pfiffiger“, also weniger würdig und distanziert.

Ohren. Klein und am Ansatz mäßig breit, auf dem Schädel ziemlich eng zusammenstehend. Im Ruhezustand werden sie zurückgelegt getragen; im aufmerksamen Zustand werden sie nach vorn gebracht und halbaufrecht, mit nach vorn kippenden Spitzen getragen.

Ohrengröße, Ansatz und Haltung unterscheiden den Sheltie ebenfalls vom Collie. Dazu trägt einerseits bei, daß die Ohren des Shelties halbaufrecht mit nach vorn gekippten Spitzen getragen werden sollen, während beim Collie der Standard das Kippen des oberen Drittels des Ohres unter die Horizontale fordert. Zum anderen sitzen die korrekten Ohren des Shelties ein wenig enger beieinander.

Hals. Muskulös, gut gebogen, von ausreichender Länge, um eine stolze Kopfhaltung zu ermöglichen.

Die enorme Mähnenbildung, insbesondere bei Rüden, verpflichtet den Zuchtrichter, genau hinzuschauen, ob die Länge des Halses wirklich ausreicht, um die erforderliche funktionale und ästhetische Ausgewogenheit zu erreichen. Nach alter Richtererfahrung haben Hunde mit kurzem Hals auch eine schlechtkonstruierte Vorderhand. Die Funktion des Halses wurde auf der Seite 60 beschrieben.

Die senkrechte Meßlinie verläuft von dem Punkt, an dem sich die Schulterblätter am nächsten kommen, senkrecht zur Standfläche = Widerristhöhe. Die waagerechte Meßlinie verläuft von der Brustbeinspitze zu den Sitzbeinhöckern = Rumpflänge (aus Ejerstad „The Collie Standard", Rufina 1993)

Vorhand. Schultern sehr gut zurückliegend. Am Widerrist nur durch die Wirbel getrennt, liegen die Schulterblätter dann schräg nach außen, um der gewünschten Wölbung der Rippen Platz zu bieten. Schultergelenke gut gewinkelt. Oberarm und Schulterblatt ungefähr gleich lang. Abstand vom Boden zu den Ellenbogen gleich dem Abstand von Ellenbogen zu Widerrist. Vorderläufe von vorn gesehen gerade, muskulös und ebenmäßig geformt, mit kräftigen Knochen. Vordermittelfuß kräftig und geschmeidig.

In der Ausführlichkeit, wie der Abstand der Schulterblätter am Widerrist definiert ist, und zwar auf Wirbelkörperbreite, ist der Rassestandard des Shelties recht einzigartig. Siehe auch die Ausführungen zur Vorderhand auf Seite 60 ff.

Körper. Geringfügig länger vom Schultergelenk zu den Sitzbeinhöckern als die Widerristhöhe. Brust tief, bis zu den Ellenbogen herabreichend. Rippen gut gewölbt, in der unteren Hälfte schmal zusammenlaufend, um den Vorderläufen und den Schultern eine freie Bewegung zu ermöglichen. Rücken gerade, mit einer anmutigen Rundung über der Lendenpartie, Kruppe allmählich nach hinten abfallend.

Ausgezeichnetes Profil, beste Rückenlinie bei der englischen Championhündin „Myriehewe Rosa Blue“ aus der Zucht von Irene und Gwen Beaden

Allgemeine Erläuterungen zum Rücken haben wir schon bei der Kommentierung des Colliestandards auf Seite 64 gegeben. Generell gesehen ist der Sheltie im Verhältnis zum Collie in der Lende kürzer und wirkt bei korrektem vollem Haarkleid kompakter. Wie die Körperlänge beim Hund korrekt gemessen wird, illustriert bestens Mia Ejerstads Zeichnung.

Die Autoren teilen die Ansicht anderer Autoren nicht, daß die Kruppe beim Sheltie mehr abfallen müsse als beim Collie. Für die Collies ist zur Kruppe nirgendwo etwas ausgesagt. Die Lage der Kruppe ergibt sich aus den Forderungen zum Rutenansatz sowie zur Rutenhaltung, Winkelung und Bewegung. In Originaltext und in der Übersetzung des Sheltiestandards ist nur zu lesen, daß die Kruppe beim Sheltie nicht horizontal liegen darf, was aus denselben Gründen wie beim Collie nicht so sein dürfte. Die Rundung über der Lendenpartie ergibt sich vielmehr aus der Haarlänge des Deckhaars entlang der Mittelachse des Rückens.

Sie lieben die Bewegung: Der zobel-weiße Rüde „Sweet Lynton" und die Bluemerle-Hündin „Blue Klarissa O'the Highlands" in vollem Lauf.

Hinterhand. Schenkel breit und muskulös, Schenkelknochen im rechten Winkel im Becken eingesetzt. Kniegelenk mit deutlicher Winkelung. Sprunggelenke gut geformt und gewinkelt, tiefstehend, mit kräftigen Knochen. Hintermittelfuß von hinten gesehen gerade.

Die Modellierung der Hinterhand ist für einen Arbeitshund sehr wichtig. Generelle Hinweise zur Hinterhand auf Seite 65 f. Darüber hinaus ist darauf zu achten, daß die Oberschenkel besonders breit sein müssen. Sie müssen jedoch flach bemuskelt sein, denn der Sheltie ist kein Sprinter, sondern ein Dauerläufertyp. Der Winkel des Einsatzes des Schenkelknochens im Becken ist nur mit wissenschaftlichen Mitteln und keinesfalls im Zuchtschauring zu messen.

Pfoten. Oval, mit gut gepolsterten Sohlen, Zehen gewölbt und geschlossen.

Hier treffen ohne Einschränkung die Ausführungen auf der Seite 66 zu.

Rute. Tief angesetzt. Die zur Spitze hin dünner werdenden Wirbelknochen reichen bis zu den Sprunggelenken, reichlich mit Haar bedeckt und mit einem leichten Aufwärtsschwung. Sie darf in der Bewegung leicht erhoben werden, aber niemals über die Rückenlinie hinaus. Auf keinen Fall geknickt.

Im Gegensatz zum Collie, darf hier die Rute nicht über die Rückenlinie hinaus angehoben getragen werden. Sie wird als „schwebend getragene Rute" bezeichnet, eine Bezeichnung wie sie die Kynologen wählen. Hier treffen auch die allgemeinen Ausführungen zur Rute von Seite 67 zu.

Gangart/Bewegung. Geschmeidig, fließend und anmutig, mit Schub aus der Hinterhand, dabei größtmögliche Distanz bei geringster Anstrengung zurücklegend. Paßgang – kreuzende oder wiegende Gangart und steife, stelzende Auf- und Abwärtsbewegung sind höchst unerwünscht.

Hier sehen wir eine Schwäche des sonst vorzüglichen Standards, denn woher soll der Schub denn sonst kommen als aus der Hinterhand? Es gelten auch die Erläuterungen zur Bewegung von den Seiten 69 ff.

Haarkleid. Doppelt, das äußere Deckhaar besteht aus langem, hartem und geradem Haar. Unterwolle weich, kurz und dicht. Mähne und Halskrause sehr üppig. Vorderläufe gut befedert. Hinterläufe oberhalb der Sprunggelenke stark, unterhalb ziemlich kurz/glatt behaart. Das Gesicht kurz/glatthaarig. Kurzhaarige Exemplare sind höchst unerwünscht.

Farbe. Drei anerkannte Farben: Zobelfarben-weiß, Tricolour und Blue-merle.
Zobelfarben: Reinfarben oder in Schattierungen von hellem Gold bis zum satten Mahagoni, wobei die Schattierung kräftig getönt sein soll. Wolfsfarbe und Grau sind unerwünscht.
Tricolour: Reinfarben oder in Schattierungen von hellem Gold bis zum satten Mahagoni, wobei die Schattierung kräftig getönt sein soll. Wolfsfarbe und Grau sind unerwünscht.

Blue-merle: Klares silbriges Blau, mit schwarzer Sprenkelung und Marmorierung. Satte lohfarbene Abzeichen werden bevorzugt. Ihr Fehlen wird nicht bestraft. Große schwarze Flächen, schiefergrauer odr rostfarbener Anflug, sowohl im Deckhaar wie auch in der Unterwolle, sind höchst unerwünscht. Der Gesamteindruck muß von Blau geprägt sein.

Schwarz-weiß und Schwarz mit Loh sind ebenfalls anerkannte Farben. Weiße Abzeichen dürfen (außer bei Schwarz mit Loh) als Blesse, am Halskragen, an der Brust, an der Halskrause, an den Läufen und an der Spitze der Rute vorhanden sein. Das Vorhandensein all dieser oder einiger dieser weißen Abzeichen soll bevorzugt werden (außer bei Schwarz mit Loh); das Fehlen dieser Abzeichen soll nicht bestraft werden. Weiße Flecken am Körper sind höchst unerwünscht.

Shelties aller Fellfarben in Renate und Klaus Frankenbergers Zuchtstätte „O'the Highlands". Von links: „Blue Ulyssa O'the Highlands" (blue-merle), „Hot Chocolate O'the Highlands" (tricolour), „Mehalah Merry Man" (zobel-weiß), „Sweet as Night O'the Highlands" (dark sable)

Die Beschreibung der Farben ist auch hier eingehend und klar, die Abbildungen belegen dies.

Größe. Ideale Widerristhöhe bei Rüden: 37 cm; bei Hündinnen: 35,5 cm. Eine Abweichung um mehr als 2,5 cm über oder unter diese Maße ist höchst unerwünscht.

Zum Messen und Bewerten der Größe von Hunden haben wir schon auf den Seiten 72 f. ausreichend Stellung genommen.

Auch wenn Collies und Shelties nach ihrer Größe und nach anderen Merkmalen klar getrennt sind, ist doch stets darauf zu achten, daß die Collies nicht zu klein und die Shelties nicht zu groß werden. Letzteres sollte ein Kinderspiel sein, denn Shelties werden im Stand auf einem Tisch gerichtet, wo das Messen der Schulter- bzw. Widerristhöhe ein Leichtes ist, und zudem noch ein sinnvoller Verhaltenstest. Auch ohne Meßgerät kann jeder Richter recht zuverlässig und schnell die Größe des auf dem Tisch befindlichen Hundes ermitteln. Die Bewertung von Abweichungen vom vorgegebenen Ausschlußmaß muß jedoch mit Sorgfalt und Rücksicht auf das Maß der Überschreitung und der übrigen Qualitäten des vorgestellten Hundes geschehen.

Wie an anderer Stelle ausführlicher erläutert, ist die Varianz für größere Hunderassen größer als die der kleineren Rassen. Dennoch wachsen auch Shelties über die vom Rassestandard verordnete Höchstgröße hinaus. Hunde, die über 40 cm Schulterhöhe haben, sollten nicht zur Zucht herangezogen werden, denn Schulterhöhe ist ein erbliches, in diesem Fall unerwünschtes Merkmal. Der Erwerber einer künftigen Zuchthündin oder eines für den Deckeinsatz vorgesehenen Rüden muß sich hier meist auf die Beratung des Züchters verlassen, der seine Zuchtlinien und deren typische Entwicklung in- und auswendig kennt. Für den Eigentümer eines Shelties als Familienmitglied ist dies jedoch kein wichtiger Gesichtspunkt.

Fehler. Jede Abweichung von den vorgenannten Punkten sollte als Fehler angesehen werden, dessen Bewertung im genauen Verhältnis zum Grad seiner Abweichung stehen sollte.

Auch hier der Hinweis auf die grundsätzlichen Ausführungen zu diesem Passus des Standards auf Seite 73.

Anmerkung: Rüden sollten zwei offensichtlich normal entwickelte Hoden aufweisen, die sich vollständig im Skrotum befinden.

Anmerkungen siehe Seite 74.

Entwicklung der Rassen in den deutschsprachigen Ländern

Was in Großbritannien „modisch“ war, versuchte man am Ende des 19. Jahrhunderts und zu Beginn des 20. Jahrhunderts auf dem europäischen Festland nachzuahmen, um damit große Weltoffenheit zu demonstrieren. So wurde Rassehundezucht auch in Deutschland Mode und populär, zuerst bei denen, die es sich leisten konnten.

Um einen Eindruck vom internationalen Umfeld zu geben, sind aus folgender Übersicht die Eintragungszahlen aus Großbritannien und den USA wiedergegeben: s. u.

Deutschland

Strebel berichtet, daß der erste Collie, und zwar der Großvater des berühmten „Metchley Wonder“, Ende der siebziger Jahre des vorigen Jahrhunderts von Hippolyt Meurer nach Deutschland, später wieder nach Großbritannien gebracht wurde. 1885 sind Importe von Gebürsch, Mainz, bekannt. Bereits 1889 wurde der „Mainzer Collie-Klub“ gegründet, der durch den „Collie Club“ beerbt wurde. Ein Schwerpunkt der Colliezucht lag in diesen frühen Jahren zweifellos in Süddeutschland, man kooperierte auch mit der Schweiz. Als historische Persönlichkeit muß hier bereits der Schweizer Max Feer aus Frauenfeld genannt werden, der dann die Führung der gesamten kontinentalen Rasseszene übernahm. Er war Präsident des Kontinentalen Collie Club, die nationalen Gruppen waren darin Mitglieder. Der Club nahm einen rasanten Aufstieg hinsichtlich seiner Mitgliederzahl und Eintragungszahlen. Er

Rasse	Anzahl der Hunde/ Großbritannien (1998, gesamt)	Anzahl der Hunde/ USA (Januar 1999)
Collie, davon Kurzhaar	2387 48	934
Sheltie	2407	2572

veranstaltete 1895 schon seine erste Ausstellung in Wiesbaden mit 57 Collies. Die Clubmitglieder waren höchst erfolgreich damit, diese „neue“ Rasse bekannt und beliebt zu machen. Sie vernachlässigten allerdings früh den Bereich, in dem die Rasse als Diensthund ausgebildet und propagiert wurde.

So waren Collies zwar die am erfolgreichsten ausgebildeten Kriegs- und Sanitätshunde der Briten bei ihren Kämpfen in Südafrika um 1895, konnten aber in diesem Einsatzbereich in Deutschland nicht Fuß fassen. Der Verein für Deutsche Schäferhunde war auf diesem Sektor zu mächtig. Es ist wohlbekannt, daß der bekannte Tiermaler Jean Burgartz erfolgreich Collies als Sanitätshunde ausbildete, die im ersten Weltkrieg Dienst taten. Im Jahre 1897 wurden 156 Collies eingetragen, 1901 schon 500. Danach ging es mit der Colliezucht weiter aufwärts, trotz der durch den Weltkrieg und wirtschaftliche Notzeiten erzwungenen Depressionen. Die Eintragungen der letzten Jahrzehnte zeigen, daß Collies sich einer stetigen Beliebtheit erfreuen.

1935 wurden aus Großbritannien von Frau Baronin von Richthofen-Schweidnitz Hunde importiert, mit welchen sie unter dem Zwingernamen „von Pomona“ in Schlesien die ersten „deutschen Shelties“ züchtete. Wie bei allen neuen Rassen ging es erst gemächlich mit den Eintragungen zu. Von 1935 bis 1951 wurden allerdings nur 415 Shelties eingetragen, also durchschnittlich 20 Welpen im Jahr, das sind etwa vier Würfe. Erst danach ging es in den Nachkriegsjahren langsam und stetig aufwärts. Mehr Kontakte zum Ausland und die sich bessernden wirtschaftlichen Verhältnisse erlaubten Importe und Verpaarungen über die Grenzen hinweg. So waren es im Jahr 1970 schon 43 Würfe mit 174 Welpen, 1978 schließlich 108 Würfe mit 451 Welpen, die den Sheltie in Deutschland immer bekannter machten.

Österreich

Der Collie kam offenbar früh nach Österreich. Liebhaber brachten die damals noch „Schottischer Schäferhund“ genannte Rasse um die Wende zum 20. Jahrhundert nach Österreich. Genaue Aufzeichnungen sind durch die Weltkriege verlorengegangen, aber aus der noch bekannten Clubgeschichte läßt sich rückschließen, daß genügend Hunde dieser Rasse und genügend Liebhaber und Züchter existiert haben müssen, um eine Interessengemeinschaft auf die Beine zu stellen. 1982 wurde der erste Kurzhaarcollie nach Österreich importiert und eingetragen.

Obwohl der Östereichische Club für Britische Hütehunde als Österreichischer Club für Schottische Schäferhunde 1934 gegründet wurde, hatte es ihn doch viel früher schon einmal gegeben. Er existierte bereits 1907, aber er stellte seine Aktivitäten bald wieder ein, bis er 1910 zu neuem Leben erwachte. 1911 gab es bereits die erste Collieausstellung in Wien, mit immerhin 33 Hunden. Der erste Sheltie wurde 1945 in das Österreichische Hundezuchtbuch eingetragen, der erste Wurf Shelties 1950. Wie auch in den angrenzenden Ländern nahm diese Rasse einen langsamen, aber stetigen Aufstieg. 1998 gab es immerhin 18 Sheltiewürfe und insgesamt 63 Shelties zur Eintragung in Österreich.

Schweiz

Die schweizerische Colliewelt beginnt 1899, als der erste Eintrag für diese Rasse im Schweizerischen Hundestammbuch erfolgte. In den Jahren 1893 bis 1895 war Max Feer der Präsident des schweizerischen Dachverbands. Feer, der in Winterthur mit dem Zuchtnamen „von der Thur“ aus englischen Importen vorzügliche Collies züchtete, war bald der Kern eines allgemeinen, stets anschwellenden, internationalen Enthusiamus für diese Rasse. Die Eintragungszahlen stiegen an. Feer war von 1892 bis 1903 Präsident des Kontinentalen Collie Clubs, dem die nationalen Gruppierungen als Mitgliedsvereine angehörten. In der Schweiz bildete sich hieraus 1902 der Schweizerische Collie Club.

Die Eintragungszahlen stiegen Jahr für Jahr an. 1949 wurden in der Schweiz insgesamt etwa 1000 Collies eingetragen. Im Jahr 1952 wurde der erste Höhepunkt mit 302 Eintragungen verzeichnet, 1974 waren es sogar 550 Collies. Man kann sagen, daß die Schweiz ein Hort stabiler Colliezucht während und unmittelbar nach dem Zweiten Weltkrieg war, der den angrenzenden Ländern in den Aufbaujahren züchterisch Halt gegeben hat.

Der erste Sheltie der Schweiz wurde erst 1948 ins Schweizerische Hundestammbuch eingetragen, die Eintragungszahlen steigerten sich langsam, bis sie 1974 mit 132 eingetragenen Shelties einen ersten Höhepunkt erreichten. Im wesentlichen bleiben die Eintragungszahlen jedoch unter 1000 Shelties je Jahr. Der Schweizerische Shetland-Sheepdog-Club wurde 1954 Mitglied seines Dachverbandes.

Ausstellungen

Hundeausstellungen, von Fachleuten Zuchtschauen genannt, sind das Schaufenster der Kynologie. Eine ihrer Hauptfunktionen ist, dem interessierten Hundefreund Rassen vorzustellen. Daher sind Interessierte dieser Rasse gut beraten, zu diesen Veranstaltungen hinzugehen und sich gründlich umzuschauen. Sie sehen dort nicht nur Hunde, über die sie dann besser urteilen können, sondern auch deren Besitzer. Die Besitzer teilen ihre Erfahrungen mit diesen Hunden mit. Interessant sind die unterschiedlichen Typen von Hunden, die von den dort tätigen Zuchtrichtern nach ihrer Qualität des Äußeren nach den Vorgaben des Rassestandards sortiert und gereiht werden. Welcher Hund dem erwünschten Ideal am nächsten kommt, kann der Laie hier sofort erkennen.

Der Laie kann aber auch sehen, wie die Besitzer während der langen Wartezeiten mit ihren Hunden umgehen und wie die Hunde sich untereinander vertragen. Schließlich sind die gezeigten Hunde auch Hunde von Züchtern, die möglicherweise auch mit den Elterntieren bei der Ausstellung anwesend sind. Man kann sich über Nebenkosten, z. B. für Hundefutter und Zubehör, informieren. Zu den Angeboten unglaublicher Mengen von sinnvollem und unsinnigem Zubehör ist so mancher Rat wichtig.

Zuchtschauen als Schaufenster und Testplatz

Hauptfunktion der Zuchtschauen ist die Überprüfung der Hunde von Haltern und Züchtern hinsichtlich der Zucht und ihrer Ergebnisse durch den Zuchtrichter. Schließlich kommt dieses Ereignis auch einem Zuschauerinteresse für die jeweilige Rasse entgegen. Daraus ergibt sich ein Eindruck von der Nachfragehäufigkeit zu einer Rasse, somit auch indirekt zu dem zu erwartenden Welpeninteresse. Diese Idee, Zuchtschauen als Testplatz zu benutzen, wurde schon früh geboren. Am 28./29. Juni 1859 wurde in der Town Hall von Newcastle-upon-Tyne in Großbritannien die erste Hundeausstellung mit sechzig dort ausgestellten Pointern und Settern abgehalten. 1860 fand dann eine Schau in Birmingham statt, die als erste in der Rassehundegeschichte nicht nur für Jagdhunde bestimmend war, sondern auch für Schäferhunde. Kurios ist, daß wir bis heute nicht wissen, welcher Rasse die Siegerin bei den Schä-

Erfolgreich auf der Ausstellung

ferhunden, die Hündin des Mr. Wakefield, angehörte.

Verhalten von Hunden und Menschen

Es ist höchst interessant, das Verhalten ausgestellter Hunde zu den Menschen, die sie mitgebracht haben, ebenso wie zum allgemeinen interessierten Publikum zu beobachten. Während des Wartens entwickelt sich so etwas wie ein familiärer Kaffeeklatsch über den Hund und von Besitzer zu Besitzer. Dabei kann man sich als Beobachter doch ein ganz gutes Bild machen, ob die Hunde untereinander friedlich sind – dann sind es ihre Menschen meistens auch –, oder ob es schnell zu kleinen Rangeleien kommt.

Zeigen die Hunde anderen Personen ihre Zuwendung (Collies und Shelties werden für verkannte Schoßhunde gehalten) oder sind sie eher distanziert? Ist es im Bereich der Aussteller dieser Rasse sauber oder schmutzig? Bellen die Hunde viel oder sind sie zu still? Gibt es einzelne Streithähne – wer möchte schon so einen oder dessen Nachwuchs? Entsprechen auch die Züchter und Halter dem Typ, mit dem man gern umgeht? Welchen Hundetyp stellt der Zuchtrichter als erstrebenswert an die Spitze? Welcher Züchter hat den ausgewählten Hund gezüchtet? Gibt es Züchter oder Ahnen (das kann man sich im Schaukatalog ansehen), die besonders erfolgreich waren? Auf diese Fragen findet der Interessierte Antworten und Entscheidungshilfen. Aber denken Sie daran und zeigen Sie Fingerspitzengefühl, wenn Hunde mit Ihrem Besitzer zur Bewertung in den Ring müssen. Hier entsteht eine große Anspannung. Das Gespräch über die Szene jeder Rasse, den Kult-, den Freund- und Feindfiguren, die eine Szene nun einmal hat, können Sie danach fortsetzen. Aussteller vergleichen ständig ihre Hunde mit anderen und auch das eigene Verhalten mit dem anderer Aussteller. Sie können davon nur profitieren. Diese Plattform sichert einen ständigen Vergleich des Leistungsstandes der eigenen Zucht mit dem der Konkurrenz. Für große Zuchtschauen ist heute auch die Anwesenheit skandinavischer Aussteller, die oft hervorragende Hunde zeigen, selbstverständlich. Auch aus diesem Grund zeigen die Illustrationen in diesem Buch keineswegs nur Hunde aus deutschsprachigen Ländern. Die Collie- und Sheltie-Szene ist international und mit der Beschleunigung der Kommunikation gibt es auch mehr Austausch über die internationale Entwicklung der Rasse.

Beharrlichkeit und Erfolg

Bei Gesprächen mit den Ausstellern, insbesondere mit denen, die erfolgreich sind, zeigt sich meist, daß diese gewiß nicht das erste Mal auf der Ausstellung erscheinen. Sie sind vielmehr häufig Leute, die ihre schönen Hunde gerne immer wieder zeigen und aus dem Erfolg ihrer Hunde eine gewisse Befriedigung ziehen. Ebenso wie nur beharrliches Züchten mit Augenmaß, Talent, viel Schweiß, manchen Tränen und natürlich auch ein wenig Glück auf Dauer Erfolge zeitigt, bringt Beharrlichkeit im Ausstellen und der Wille, auch auf diesem Felde immer dazuzulernen, den gewünschten Erfolg.

Es gibt Aussteller, die eine phänomenale Gabe haben, auch mittelmäßige Hunde im Ring strahlen zu lassen, sie bringen alle vorhandenen Stärken des Hundes zum Vorschein und ins Rampenlicht, sie verstehen es, Schwächen oder leichte Unvollkommenheiten des Hundes zu verdecken oder wenigstens zu mildern. Dies alles ist legitim und keine Manipulation des vorgestellten Hundes. Am wunderbarsten ist freilich, wenn solche begnadeten Vorführer auch noch einen hervorragenden, extrovertierten Hund zeigen. Dann ist dies eine Bereicherung für jede Zuchtschau, und erfahrenen Zuchtrichtern, die selbst alle Tricks der Vorführung kennen, wird beim Zuschauen bei solchen Vorführgespannen warm ums Herz.

Vorbereitungen für eine Ausstellung

An anderer Stelle in diesem Buch wurde das Haarkleid besprochen. Für die Beurteilung und Vorbereitung des Haarkleides hinsichtlich der geplanten Ausstellungen sollten Sie folgende Punkte beachten:

- zum richtigen Zeitpunkt beginnen,
- richtige Reihenfolge aller Schritte beachten,
- sich Wissen um den Standard aneignen,
- sich Grundwissen um die Anatomie aneignen,
- optische Stärken und Schwächen des Hundes erkennen,
- richtiges Werkzeug zur Pflege auswählen,
- Geschick und ein gutes Auge entwickeln.

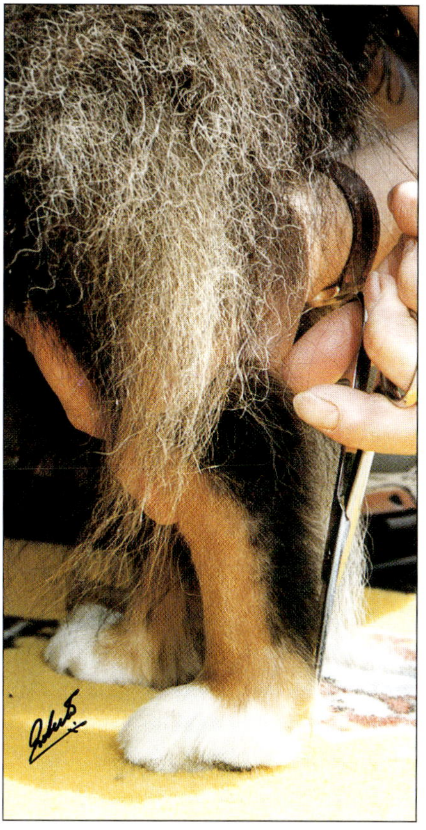

Vorschneiden am Hintermittelfuß, Formgebung mit der Schere

Die einzige Vorbereitung, die das ganze Jahr hindurch läuft, ist das Kürzen der Krallen. Die Hunde laufen fast ausnahmslos auf weichem

Boden und haben daher wenig natürliche Abnützung der Krallen. Setzt man zu lange mit dem Nachschneiden aus, wächst (besonders schnell vorne) die „Krallenseele“ mit den Nägeln heraus, dann kann man nicht mehr weit genug zurückschneiden. Die Folge davon: die Pfoten wirken optisch viel länger, die Zehen neigen zum Spreizen, das Vorderfußwurzelgelenk biegt sich deutlich durch, und der Hund steht wesentlich schlechter. Zudem sieht es häßlich aus. Auch neigt der Collie mit zu langen Krallen schnell zum unsicheren Laufen auf glattem Untergrund. Die unmittelbaren Vorbereitungen für die Ausstellung setzen etwa 14 Tage vor dem Ausstellungstermin ein. Der Hund wird erst einmal nicht gebadet, aber dafür gründlich gebürstet. Beginnend am Bauch über die Rute bis vor zum Kopf wird das Haarkleid Strich für Strich mit einer guten Borstenbürste durchgearbeitet. Der beste Zeitpunkt ist nach einem längeren Spaziergang, wenn der Hund schon etwas müde ist. Für das Grundbürsten nimmt man sich viel Zeit. Im Anschluß wird die Unterwolle mit Wasser aus der Sprühflasche unter dem angehobenen Deckhaar mit Sprühnebel gut befeuchtet. Bis zum nächsten und übernächsten Tag wird nun gewartet. Aber bereits am nächsten Tag wird man erkennen können, wie das Haar „aufgegangen“ ist und voll und luftig wirkt: Ein Umstand, den wir uns auch später noch zu Nutzen machen werden. Nun beginnt man mit dem Vorschnitt. Gerade beim Schneiden werden oft die meisten Fehler gemacht. Schneiden bedeutet nicht, säuberlich die Haare zu kürzen, sondern auch Form geben nach spezifischen Bedingungen! Dies sind die vorgegebene Anatomie des Hundes und die Vorschriften des Standards.

Ein negatives und gut erkennbares Beispiel sind, auf Schauen immer wieder zu sehen, sauber rasierte „Hocken“. Bei oft schlechter Stellung der Hinterhand, verbunden mit schwachen Knochen, ist das kein Vorbereiten auf die Schau, das ist „Hinrichtung“. Vorschneiden bedeutet, die erste notwendige Formgebung zu schaffen. Wir schneiden die Hintermittelfußbehaarung in die Form, die auch den Bedingungen der Hinterhand entspricht. Winkelungen, Standstellung und Knochenbau geben neben dem Standard die Schnittform vor. Wir werden daher, falls es erforderlich ist, kräftige Knochen zeigen. Dann müssen die Zwischenzehenhaare vorn und hinten sowie die Behaarung der Vorderfüße bis zum Karpalballen geschnitten werden. Zuletzt werden die Pfotenhaare konturiert, um eine kleine, feste Pfote zu betonen. Jetzt, wenn nötig, wird das Ausdünnen der Haare hinter und bei den Ohren mit einem Trimmesser vorgenommen, zum Schluß das Fassonieren der Schädelhaare an eventuell nötigen Punkten.

Nach dem Vorschneiden können sie auch gleich erkennen, warum man diese Prozedur etwa 14 Tage vor der Schau macht. Es ist deutlich zu sehen! Der Zeitraum ist nötig, um das Haar an den Schnittstellen etwas nachwachsen zu lassen. Bis 2 Tage vor der Schau wird der Hund nun in Ruhe gelassen. Ist es dann soweit, beginnen wir mit den Reinigungsarbeiten. Handelsübliches Stärkemehl (z. B. Kartoffel- oder Maismehl) wird mit Wasser vermischt und in die weißen Bereiche des Fells eingearbeitet. Nun kann es über Nacht gut austrocknen und abfallen. Der verbliebene Rest wird am Vortag der Schau sauber und gründlich ausgebürstet. Dann wird der Hund nochmals grundgebürstet. Nach diesem Bürsten ist das weiße Haar wirklich blütenweiß und es beginnt der Feinschnitt. Das heißt, noch notwendige kleine Korrekturen (nur mehr die Haarspitzen) werden jetzt säuberlich nachgeschnitten und die endgültige Form bestimmt. Zum Schluß ist nun mit Wasser aus der Sprühflasche die Unterwolle und das Deckhaar kräftig einzunebeln, dann geht es zum Trocknen.

Wenn Sie einen Hund unbedingt während der Fellwechselzeit ausstellen wollen oder müssen, sollten Sie ihm im fortgeschrittenen Stadium die lockeren Unterwolleflocken gänzlich ausbürsten! Das Deckhaar legt sich harmonisch an den Körper. Der Richter erkennt, wenn ein Hund im Fellwechsel ist. Er wird diesen natürlichen Ablauf auch berücksichtigen. Ist die Haarstruktur zu weich, kann dem Sprühwasser etwas Bier oder ein wenig aufgelöstes Stärkemehl hinzugefügt werden. Am Ausstellungstag fühlt sich dann das Haar deutlich harscher an, klebt nicht und es riecht nicht wie bei Benutzung von Haarsprays. Dieses Prozedere ist nicht verboten. Untersagt ist natürlich das Kreiden oder das Färben! Eine absolut unnötige Angelegenheit. Leider glauben es viele Leute immer noch nicht. Es ist, wenn die Aussteller nicht selbst vernünftig werden, nur eine Frage der Zeit, bis auch auf dem Kontinent Haarproben der Sieger (wie z. B. auf der Cruft's Dog Show in Großbritannien stichprobenhaft schon üblich) genommen werden! Am Ausstellungstag sind dann die Haare, von ihrem Volumen her gesehen, in Top-Kondition. Es wäre nun ein schwerer Fehler, das Haarkleid noch einmal gründlich zu bürsten! Das Fell (Unterwolle und Deckhaar) wird nur mit Sprühnebel aus der Wasserflasche leicht angefeuchtet, und während des Trocknens locker aufgebürstet. Zu ihrer Nervenberuhigung können Sie ohne weiteres noch 5 bis 6 Haare mit der Schere in Form bringen. Nun dürften Sie nichts mehr zu tun haben. Gönnen Sie in der verbleibenden Zeit dem Hund Ruhe, damit er sich ungestört an die Atmosphäre gewöhnen kann.

Am Weg zum Ring (oder unmittelbar zuvor) blasen Sie ihrem Hund noch leicht in ein Ohr, damit er sich kräftig schüttelt. Durch das Schütteln liegt das Deckhaar dann sehr natürlich in der Form und gleichzeitig weich auf der Unterwolle auf. Das ergibt eine schöne Haarfülle. Wer es nicht lassen kann, darf noch ein paar Haarspitzen mit der Bürste in Form bringen. Im Ring selbst ist heute das Bürsten verboten! Dies gilt zu Recht: denn Zuschauer sollten erkennen können, daß dies ein Ausstellungsring und kein Hundefrisiersalon ist!

Die Anschaffung eines Hütehundes

Anforderungen an den Halter

Es scheint selbstverständlich, daß einen Collie nur der halten kann, der genügend Platz in der Wohnung oder im Haus hat. Große Hunde sind zwar recht ruhig, aber wenn ein Hund in der Wohnung herumläuft und dann schon aus Platzgründen stört, ist die Hundehaltung für diesen Wohnungsinhaber sinnlos. Auch das Bellen muß berücksichtigt werden. Es ist überflüssig, hier noch auszuführen, daß bei Mietwohnungen die vorherige schriftliche Zustimmung des Vermieters, bei Eigentumswohnanlagen die Zustimmung der übrigen Eigentümer zur Hundehaltung vorliegen muß.

Wenn dies alles klar ist, muß noch gesagt werden, daß ein großer und erwachsener Hund nicht nur Platz braucht, sondern auch sein Eigengewicht zu berücksichtigen ist. Wenn man nicht in der Lage ist, seinen Hund beim Tierarzt auf den Behandlungstisch zu heben, sollte man sich eine andere Rasse kaufen. Wenn man den Hund schon rein körperlich, kräftemäßig auf der Straße nicht zuverlässig an der Leine festhalten kann, wenn er mit aller Kraft auf eine Katze zustürzt oder auf einen Konkurrenten, ist das nicht die richtige Rasse. Daher auch die Warnung, Kinder nur dann allein mit Hunden spazierengehen zu lassen, wenn sie den Hund auch kontrollieren können.

Collies und Shelties bellen nicht viel, es sei denn, man will das so und fördert entsprechende Neigungen mit Lob und Belohnung. Oft gilt bei allen Rassen: je größer der Hund, um so ruhiger verhält er sich im allgemeinen. Aber selbst wenn kleine Hunde bellen, hört man sie durch Wände. Wenn Sie schreckhafte Nachbarn haben, klären sie das besser vorher. Daß der Halter jeder Hunderasse nur dann seinen Hund artgerecht hält, wenn er regelmäßig mit ihm ausgeht und ihn damit körperlich und geistig fit hält, trifft auf jede Hunderasse zu. Der Hund ist ein Nasentier und braucht ein täglich wechselndes Geruchspanorama und daher eine Spazierumgebung, die Abwechslung bietet. Der Interessent für Collie oder Sheltie muß sich diesen Hund auch finanziell leisten können!

Informationen sammeln

Es gibt auf der Welt Leute, die spontan und impulsiv handeln, und solche, die alles planmäßig vorbereiten

Kinder dieses Alters können schon recht gut mit mehreren Shelties spielen: Besuch in Frankenbergers Collie- und Sheltiezuchtstätte „O'the Highlands"

und verrichten. Nachdem Sie sich also in den Collie oder Sheltie verliebt haben, sollten Sie planmäßig alles sammeln, was Ihnen Informationen zu dieser Rasse vermittelt. Der klassische Weg ist der Griff zu einem Lexikon, dann der Weg zur Stadtbücherei. Aber auch im Internet kann man über diese Rassen viele Informationen finden.

Mit dem Kauf dieses Buches haben Sie die richtige Entscheidung getroffen. Nach dieser Lektüre wenden Sie sich am besten an einen Zuchtverein für diese Rasse, siehe auch Anhang. Fragen Sie nach Grundinformationen, Listen von Züchtern und Veranstaltungsterminen der Vereine. Diese Veranstaltungen sollten Sie dann, sowohl regional als auch auf Landes- und Bundesebene, besuchen.

Aufgaben für den Hund

Wer einen jungen Hund kauft, muß von Anfang an daran denken, daß ein Hund bis zum zwölften Lebensjahr oder länger sein Hund sein wird. Diese Fürsorgepflicht, z. B. Spaziergänge, ist nicht nur bei gutem Wetter, sondern auch bei Regen, Kälte und Schnee zu gewährleisten. Selbstverständlich wollen Sie mit Familie und Hund in den Urlaub fahren und ihn nicht während der Zeit in irgendeinem Zwinger oder Tierheim warten lassen. Sie sind als Besitzer dafür verantwortlich, daß es Ihrem Hund gut geht, er so lebt, wie er als Ihr größter Fan es verdient hat.

Aber auch Ihr Hund kann Aufgaben haben. Er soll, und das kann ein Collie oder Sheltie von Natur aus hervorragend, Ihre Wohnumgebung oder Ihr Grundstück beobachten und Ungewöhnliches melden. Das wird er in der Regel ganz ohne Ausbildung und allein tun, denn Wohnung oder Haus sind „sein Grundstück“! Seine Familie geht ihm über alles. Er wird ohne Aggression bei Ihnen oder Ihrer Familie sein, wenn Sie Beistand brauchen.

Der Collie oder Sheltie ist, wie alle anderen Hunde, sehr dankbar, wenn er Aufgaben hat. So sind einige Hunde dieser Rassen durchaus noch im reiferen Alter im Hundesport sehr erfolgreich, und zwar in der Disziplin „Agility“. Besitzer und Hund bewältigen einen Parcours mit mannigfaltigen Schwierigkeiten in möglichst kurzer Zeit. Ein solcher Sport, erfolgreich ausgeübt, beschert beiden Fitneß und neben einer vorzüglichen Gehorsamserziehung eine enge Mensch-Hund-Bindung.

Kosten

Im Jahr 1999 kostete ein Collie- oder Sheltie-Welpe im Alter von etwa 12 Wochen, ohne zuchtausschließenden Fehler, mit vollständiger Grundimmunisierung und Ahnentafel (im deutschen Sprachraum, VDH, ÖKV oder SKG) zwischen 1200,– und 1500,– DM. Seltene Fellfärbungen, wie Blue-merles mit guter Farbverteilung, die den Hund für Ausstellungen geeignet erscheinen lassen, kosten bis 2000,– DM. Aber das ist dennoch ein geringer Betrag, wenn Sie die Kosten zusammenrechnen, die Sie der Hund sein ganzes Leben kosten wird. Futterkosten sind mit etwa 7,00 DM pro Tag anzusetzen, das macht etwa 2500,– DM je Jahr aus. Bei einem gesunden Hund kommen noch jährliche Impfkosten sowie etwas Hundezubehör (Leinen, Bürsten, Spielzeug, Belohnungen) dazu, insgesamt etwa weitere 300,– DM. Dazu kommen die Haftpflichtversicherung (etwa 150,– DM/Jahr) und die Hundesteuer (Kosten je nach Wohnort bis zu 200,– DM/Hund und Jahr) lebenslang. Das kostet etwa 3000,– DM/Jahr.

Nehmen wir an, daß Ihr Hütehund bei bester Gesundheit 12 Jahre alt wird, dann hat er bis dahin 36 000,– DM gekostet. Die zusätzlichen 3000,– DM, plus oder minus 500,– DM, für den Erwerb des Welpen sind unerheblich. Den genannten

Geräte zur Fellpflege
1 feiner Kamm (Ohrenkamm) zum Durchbürsten der feinen Haare hinter den Ohren
2 Naturborstenbürste
3 feine Drahthakenbürste zum Ausbürsten der gelockerten Unterwolle während des Fellwechsels
4 Drahtbürste ohne Noppen an den Spitzen
5 grober Kamm
6 normale Schere
7 grobe und feine Effilierschere zum Ausdünnen

Kosten ist natürlich hinzuzufügen, daß auch bei besonderen Aktivitäten Kosten entstehen. Die Haftpflichtversicherung gegenüber Dritte haben Sie berücksichtigt, aber auch Sie können als Hundehalter durch einen Schaden betroffen werden. Ausstellungen kosten etwa 85,– DM/Hund und Meldung, dazu die Fahrtkosten, sind ebenso zu berücksichtigen wie die Mitgliedschaft in einem Hütehund-Verein. Dort ist mit einem Jahresbeitrag in Höhe von etwa 80,– DM zu rechnen. Diese Kosten werden nach Meinung der Autoren jedoch durch die unendliche Freude mit diesen Hunden wettgemacht. Wie sagt die Kampagneplakette des Kennel Clubs? „Hunden-Människans bästa vän“, der Hund ist nicht nur des Menschen bester Freund, er ist (im Schwedischen) sein persönlicher Fan! Wie viele Fans haben Sie denn sonst noch? Ein Hund – der einzige Fan, den man sich kaufen kann!

Rüde oder Hündin?

Wie schwierig diese Frage zu beantworten ist, sehen Sie daran, daß der eine Teil der Familie eines Autors in den letzten 22 Jahren gemeinsamer Hundehaltung stets Rüden wollte,

Geschlechtstypischer Collierüde „Ilia O'the Highlands" (hinten) und als typische Hündin seine Mutter „Amanda O'the Highlands" in Frankenbergers Zuchtstätte

der andere stets Hündinnen, voraussichtlich werden sie sich in diesem Leben nicht mehr einig. Rüde und Hündin sind im Äußeren und im Verhalten unterschiedlich.

Variationen sind zahlreich. Ein bißchen kann auch die Prägung durch den vorherigen Besitzer dazu beitragen, vorhandene Eigenschaften weniger oder mehr ausgeprägt heranreifen zu lassen. Auch aus diesem Grund wird empfohlen, einen Collie oder Sheltie als Welpen zu kaufen. Rüden sind in ihrer Körperhaltung ein wenig größer, imposanter, selbstbewußter. Mit kräftigeren Knochen und im gesamten Gebäude erscheinen sie massiver als Hündinnen. Sie sind, biologisch bedingt, von erheblicher Hartnäckigkeit im Verfolgen von Zielen, ertragen Disziplinierung meist stoischer. Jedoch müssen Rüden überall markieren, das bekommt nicht allen Sträuchern im Garten. Wegen der vorbeschriebenen Eigenschaften sind sie ein wenig schwerer zu erziehen, sie brauchen also mehr Nachdruck, Dominanz des Ausbildenden.

Hündinnen sind ein wenig zierlicher. Sie sind oft anschmiegsamer und meist auch leichter zu erziehen. Im Abstand von etwa 6 Monaten verlieren sie Blutstropfen und ziehen dann Rüden aller Rassen magisch an. Wenn man unerwünschten Nachwuchs verhindern will, hilft in dieser Zeit nur das Unterbringen an sicherem Ort. Erst wenn die Hündin körperlich ausgereift ist, kann eine Kastration oder Sterilisation vorgenommen werden.

Auswahl des Züchters

Die Auswahl des Züchters ist gleichzeitig eine Wahl des Hundetyps, mit dem der Besitzer in den folgenden Jahren zusammenleben möchte. Er ist Ihnen auch weiterhin Ansprechpartner zu allen Fragen über den Hund. Wenn der Besitzer nicht schon erfahren ist, wird er mindestens während des Heranwachsens des Hundes immer wieder einmal den Rat des Züchters brauchen. Anrufe und Gespräche werden zwischen Züchter und angehendem Besitzer um so leichter fallen, je mehr sie eine gemeinsame Sprache finden. Auch das Erwartungsniveau hinsichtlich der Sauberkeit der Zuchtstätte oder hinsichtlich der menschlichen Zuwendung, mit der dort ein Welpe heranwächst, entspricht dann am ehesten den Maßstäben des Interessenten. Also definiert sich die Auswahl der Züchter oft schon über den ersten telefonischen Kontakt. Kluge Züchter passen ihre Kommunikation am Telefon diesen Erfahrungen an.

Die Wahl des Züchters beruht letztendlich auf Ihrem Vertrauen zu ihm. Lassen Sie sich sagen, wo in Ihrer Nähe Welpenkäufer wohnen und schauen Sie sich deren Hunde an. Fragen Sie ganz unauffällig auch danach, welche Betreuung der Züchter geleistet hat, und ob er sich, wenn die Käufer dies nicht selbst getan haben, einige Zeit nach dem Verkauf der Welpen auch nach deren Wohlergehen beim neuen Besitzer erkundigt hat. Bekannte, verantwortungsvolle Züchter haben Ihren guten Ruf nicht ohne Grund. Freilich gibt es auch „schwarze“ Schafe unter ihnen. Geraten Sie an einen Erstzüchter muß Ihr „gesunder Menschenverstand“ entscheiden.

Welpenkauf mit Methode

Es ist töricht, wenn eine Familie einen Hund anschaffen will und nicht alle Familienmitglieder spontan und rückhaltlos von der Idee begeistert sind. Die Hoffnung, daß Meinungen sich umkehren, tritt nicht immer ein.

Wir raten aber auch dringend von der Anschaffung eines Hundes, egal welcher Rasse, ab, wenn die Frau des Hauses, der oft Pflege und Wartung von Haus, Garten und Familie obliegt, diese Aufgaben ohnehin nur mit anderen Familienmitgliedern bewältigen kann. Dann wäre es unfair, den schon bestehenden Belastungen noch eine weitere hinzuzufügen, denn die Verantwortung bleibt für Jahre bestehen. Es gibt auch „Chefinnen" von Haus und Familie, die sich nach Anschaffung eines Hundes emanzipierten und über den Hund viele neue, interessante Kontakte knüpften. Oft sind die Kinder schon aus dem Haus, und ohne diese neuen Kontakte wäre das Leben ärmer.

Ein weiterer Grund zum Abraten eines Kaufes ist, wenn der Hund bis zu seinem $1^1/_2$. Lebensjahr länger als 4 Stunden allein im Haus sein müßte. Gerade ein junger Hund braucht menschliche Ansprache. Ganz besonders aber eine geregelte Erziehung, und die ist nur dann geregelt, wenn er in seinen Wachphasen Anpassung an die Familie und Kontrolle durch den Menschen erfährt. Kein solider Züchter wird Ihnen einen Hütehund verkaufen, wenn Sie vorhaben, ihn eine lange Zeit des Tages einzusperren.

Sie sollten auch keinen Hund kaufen, wenn Familienmitglieder Allergieprobleme haben. Ein ernsthafter Hundefreund läßt beim geringsten Verdacht prüfen, ob er gegen Hundehaare allergisch ist, bevor er einen Welpen zu sich nimmt und ihn dann zu beider Nachteil wieder abgeben muß. In der Eigenschaft als Züchter sind die Autoren glücklicherweise wenigen Welpenkäufern begegnet, die einen Welpen mit dieser Begründung wieder zurückgebracht haben. Oft ist die Begründung, eine Allergie zu haben, nur vorgeschoben. Auf jeden Fall war die Entscheidungsvorbereitung bei diesen Leuten schlecht gewesen.

Schließlich wird ein Züchter auch keinen jungen Hund dorthin abgeben, wo in nächster Zeit ein Umzug ins Haus steht oder sich ein neues Familienmitglied ankündigt. Denn für die Eingewöhnungszeit von vielen Wochen sollten sich Familie und Hund aufeinander konzentrieren können.

Tips für die Anschaffung

Es ist schon erstaunlich, der Kauf eines Automobils ist z. B. eine weihevolle Handlung. Ihm gehen Tage oder gar Wochen, in verschärften Fällen Monate des Prüfens voraus. Kaum gebraucht, wird es wieder verkauft oder sogar verschrottet. Der Erwerb eines Hundes wird leider nicht weitgehend überlegt. Ihr Hütehund wird Ihnen sehr lange ein Familienmitglied bleiben, denn kleine und mittelgroße Hunderassen werden zwölf Jahre und älter. „Senioren“ von fünfzehn und mehr Jahren sind keine Seltenheit. Ein Hund kommt als reizender Welpe in Ihr Haus. Er ist äußerst lernfähig und stellt sich höchst individuell auf Ihre Familiengegebenheiten ein. Bei planmäßiger und konsequenter Erziehung hört er auf Worte oder Zeichen. Er kennt bald Familienmitglieder und Freunde, Wohnung, Haus und Garten. Ein Hund lebt mit Ihnen 24 Stunden am Tag zusammen! Der Hund Ihrer Wahl erkennt Ihre Stimmung und die Ihrer Mitmenschen. Ihr Hund wird Sie auf allen Spaziergängen begleiten. Er geht mit Ihnen auf den einsamsten Wegen, und ist dann ein Stück Natur in der Natur. Wenn Sie ihn beobachten, eröffnet er Ihnen die ganze Breite des Verhaltens seiner Rasse.

Ein Hund, dem, wie schon Goethe sagte, „wenn wohlgezogen“, selbst ein weiser Mann gewogen ist, wird Sie auch sonst stets begleiten. Denn ein Hütehund mit Lebenserfahrung ist gelassen und überzeugt auch so manch einen Skeptiker. Der Hund wird in Anschaffung und Haltung weitaus billiger sein als ein neues Auto. Erschreckenderweise werden Hunde aber meist höchst spontan gekauft. Dies wird niemals bei einem Auto passieren, denn hier wird man einen Berater mitnehmen, der nachweislich etwas von der Sache versteht. Nicht so bei vielen Hundekäufen. Warum werden Hunde so geradezu sträflich leichtsinnig ausgesucht und eingekauft? Dies, lieber Leser, sollte Ihnen nicht passieren.

Anfänger in der Hundehaltung gehen leider zu Tierhändlern und Zoogeschäften, in der falschen Annahme, wo süße Meerschweinchen herkommen, seien auch Hunde zu haben. Vorsicht, viele Welpen, die durch Händlerhand gehen, werden oft, der schlechten Aufzuchtverhältnisse wegen, zu früh der Mutter entrissen und wie eine Ware ohne sozialen Bezug gehandelt. Ein solcher Händler hat selten die Eltern der Welpen gesehen, die er nun als gesunde Rassehunde verkauft.

Hände weg auch von „Züchtern“, die mehr als zwei oder drei Rassen halten und züchten, auch von Züchtern, die Ihnen nicht zeigen wollen, wo die Welpen aufwachsen und wie die Eltern aussehen! Die Hundezucht, ein Hobby, das von vielen Züchtern in der Durchführung recht professionell und hinsichtlich der Qualität der Hunde und des Umfeldes äußerst erfolgreich betrieben wird, bedeutet aber auch für diese Menschen und ihre Familienmitglieder, auf Konsum, gemeinsamen Familienurlaub oder zentrale Wohnungslage zu verzichten. Ihr Leben ist auf die Pflicht zur Betreuung der Hunde abgestimmt.

Fallen Sie also auch nicht auf die blumigen Anzeigen in der Tagespresse über allerliebste Welpen herein.

Nutzen Sie die in diesem Buch aufgeführten Adressen von Verbänden und Vereinen. Sie treffen auf Menschen, die von Collies und Shelties begeistert sind und auf Sie warten. Sie vermitteln Ihnen weiterführende Literatur und weitere Adressen von Züchtern in Ihrer näheren Umgebung. Ihr künftiger Lebensgefährte, der von gesunden, typischen und nervenstarken Hundeeltern stammt, hat es verdient, daß er im engen Kontakt mit Ihnen in sauberen, artgerechten Verhältnissen heranwächst, und in den ersten Lebensmonaten im Spiel mit Eltern und Geschwistern seiner Rasse erste Grunderfahrungen erworben hat.

Erste Regel. Wenden Sie sich nur an Züchter und Zuchtvereine, die den ab Seite 177 in diesem Buch aufgeführten Vereinen und Verbänden angehören!

Die zuvor beschriebenen Bedingungen werden am ehesten von Züchtern gewährleistet, die den in diesem Buch aufgeführten Vereinen und Verbänden angehören.

Hier werden in den jeweiligen Ländern strengste Anforderungen an Zuchttiere, Zuchtstätten, Zuchtverfahren und Zuchtkontrollen gestellt.

Zweite Regel. Fangen Sie lange vor dem Zeitpunkt des geplanten Hunderwerbs mit der Suche nach dem richtigen Züchter an!

Wie alle Vereine haben auch Zuchtvereine für Hütehunde ein Vereinsleben entwickelt. Es werden Veranstaltungen für Mitglieder durchgeführt, bei denen Interessenten für ihre Rasse(n) stets willkommen sind. Neben den sommerlichen Grillfesten finden fast überall in erreichbarer Nähe gemeinsame Spaziergänge mit Hunden statt. Gehen Sie mit spazieren und schauen Sie sich die Hunde an! Sprechen Sie mit den Hundebesitzern – ich habe noch keinen gefunden, der nicht gern über seinen Hund redet. Hier finden Sie also eine Quelle der unentgeltlichen Beratung durch Leute, die alles schon selbst erlebt haben und mitunter noch gar nicht so lange über das Stadium der ungewissen Vorfreude hinweg sind, in dem Sie sich gegenwärtig befinden. Sie sehen den Hund Ihrer Wahl eventuell schon munter um sich herumspringen, als lebendigen Beweis oder perfekte Illustration der Erzählungen der Besitzer. Es ist auch Gelegenheit, aktive Züchter zu finden. Nach unserer Beobachtung fühlen sich Welpeninteressenten immer zu denjenigen Züchtern hingezogen, die ihnen in irgendwelchen Dingen nahestehen. Wir würden nie bei einem Züchter kaufen wollen, der nicht liebevoll mit seinen Hunden umgeht und der nicht mehr an den einmal von ihm gezüchteten Hunden interessiert ist. Finden Sie einen Züchter, der Ihnen auf Anhieb sympathisch ist und dessen Hunde Ihnen gefallen. Dann sollten Sie einen Termin vereinbaren, an dem Sie die Hunde und die Zuchtstätte des Züchters besuchen können. Das ist dann der Termin, zu dem Sie sich gut vorbereiten sollten.

Dritte Regel. Notieren Sie vor dem Besuch beim Züchter alle Fragen, die Ihnen zur Rasse, deren Bedürfnissen, deren Stärken und Schwächen in den Sinn kommen!

Tragen Sie Ihren individuellen Fragekatalog oder einen der ganzen Familie zusammen. Wichtig ist, und auch eine Frage der Höflichkeit, kommen Sie pünktlich und zeigen Sie dem Züchter an, wenn mehrere Familienmitglieder mitkommen.

Vierte Regel. Schauen Sie sich gründlich um! Stellen Sie an Hundezüchter und das Umfeld dieselben Ansprüche, die Sie bei sich zu Hause stellen! Und stellen Sie an die Eltern Ihres vielleicht künftigen Familienmitglieds dieselben Anforderungen, die Sie an Ihren eigenen Hund stellen würden!

Dem Welpeninteressenten, der dieses Buch als Leitfaden für lebenslange Freude an einem Collie oder Sheltie erworben hat, muß hier auch gesagt werden, daß Hündinnen, die Welpen im Alter von etwa 6 bis 12 Wochen haben, oft mit jämmerlichem Haarkleid daherkommen. Sie dürfen aber auf keinen Fall körperlich mager, kraftlos oder matt aussehen, dann hat der Züchter nicht hinreichend für seine wertvolle Zuchthündin gesorgt. Unterwolle und Haarmenge sind in dieser Zeit besonders an der Körperunterseite vermindert, damit die Welpen besser das Gesäuge finden und nicht unnötig den kleinen Fang voller Haare haben. Denn mit der deutlichen Wärmeabstrahlung der jetzt kahlen Hautpartien, ist die Hündin von den Welpen besser zu orten. Ansonsten sind die vielen Luftzwischenräume um die einzelnen Haare des reichen Haarkleids eine vorzügliche Wärmedämmung.

Bei Züchtern haben die Tiere ein Zuhause. Klingt merkwürdig, aber sie gestalten die späteren Anlagen mit. Auch die Art und Weise von Zuwendungen durch den Züchter sollten Sie beachten. Hunde, die ihrem Züchter nicht vertrauensvoll begegnen, machen uns mißtrauisch. Selbst Rassen, die in der Beschreibung ihrer rassetypischen Verhaltensweise als zurückhaltend geschildert werden, sind nach unserer Erfahrung ihrem Züchter gegenüber stets freundlich, wenden sich ihm immer wieder zu und sind jederzeit zugänglich. Wenn das offenbar anders ist, seien Sie direkt! Fragen Sie, warum das hier so ist.

Nicht nur die Sauberkeit, sondern auch der Pflegezustand der Hunde und der Anlage sind zu beachten! Ein guter Züchter wendet immer wieder Mittel zur weiteren Perfektionierung seiner Anlagen auf, nicht nur, um den Arbeitsaufwand zu mindern, sondern um den Hunden auch eine artgerechte Umgebung zu bieten. Verfallen Sie aber nicht dem Irrtum, klinisch reine und laborähnliche Anlagen seien hundegerecht. Was für Hunde zählt, ist eine „artgerechte Strukturierung“ einer abwechslungsreichen, natürlichen Umgebung, die dem Hund Anreize zur Nutzung seiner Sinne und zur Bewegung bietet. Schon allein aus diesen Gründen sind Zuchtstätten, die ihren Bewohnern nicht freien Ausblick in die Umgebung erlauben, nicht gut genug als Heimstatt Ihres Welpen.

Denn eine Hundehaltung, die den Hunden jeglichen Sichtkontakts mit der Außenwelt beraubt, ist schon eine Art von Tierquälerei. Hier kauft man keinen Hund! Üben Sie bei schmutzigen Verhältnissen und einem armseligen Umfeld auch heftig Kritik. Nichts hilft diesen Hunden, die in schlechten Umständen leben, besser als Kritik von außen. Zeigen Sie diesen Hunden zuliebe Ihren Mut. Teilen Sie auch dem Zuchtverein mit, warum Sie dort keinen Hund kaufen werden!

Nun zu den erblichen Voraussetzungen Ihres Hundes. Die Qualität der Elterntiere und deren Vorfahren bestimmt den Teil Ihres künftigen Hundes, der nicht durch Aufzucht und Prägung durch Mensch und Umwelt verursacht wird. Also lassen Sie sich zeigen, daß die Eltern Ihres Hundes zuchttauglich sind, daß sie möglichst gute Hüften haben (und deren Vorfahren hatten), also z. B. möglichst frei von Hüftgelenksdysplasie. Das kann Ihnen der Züchter schwarz auf weiß nachweisen. Lassen Sie sich erklären, wie es mit der Freiheit von erblichen Augenerkrankungen bei den Vorfahren Ihres Welpen steht; achten Sie darauf, daß mehr als eine Augenuntersuchung aus verschiedenen Jahren vorliegt. Fragen Sie, welche zusätzlichen Gesundheitsprüfungen die Eltern Ihres künftigen Welpen im Interesse der Qualitätssicherung bekommen haben. Lassen Sie sich zeigen, wie die Hündin und der Vater der Welpen auf Zuchtschauen abschnitten. Zuchthunde sollten oft und erfolgreich ausgestellt sein, möglichst immer die Bestnote „Vorzüglich“ oder wenigstens „Sehr gut“ bekommen haben. Fragen Sie, ob die körperliche Fitneß der Hündin und des Rüden durch andere Maßnahmen, so z. B. durch eine Ausdauerprüfung, geprüft wurde, und mit welchem Ergebnis. Wenn Sie höflich danach fragen, wird sich ein guter Züchter freuen, Ihnen das alles zeigen und erklären zu können.

In Betrachtung der nervlichen Belastbarkeit, die heute oft nicht mehr bei den Hunden in dem Maß gegeben ist, wie zuvor bei den Hütehunden auf den Weiden Schottlands und den Shetland-Inseln, ist dringend zu prüfen, ob die Eltern oder Großeltern Ihres Welpen einen rigorosen Wesenstest oder eine gleichwertige Verhaltensbeobachtung eines Zuchtvereins mit Bravour bestanden haben. Versuchen Sie auch herauszubekommen, in welchem Maße der Züchter seine Welpen sozialisiert, also sie ständig mit den Gegebenheiten des täglichen Lebens und mit vielen Menschen vertraut macht. Die Zurückhaltung vieler Collies und Shelties, die diesen Rassen zu Recht als „mangelnde Verhaltenssicherheit" angekreidet wird, ist oft ein Mangel an rechtzeitiger Sozialisation durch den Züchter, die dann den Hunden lebenslang fehlt. Ist es das nicht, sondern Veranlagung, dann kennt der Züchter seine Hunde nicht ausreichend genug, um sie schon gezielt vorher von der Zucht auszuschließen. Dieser Rat wird den Autoren bei manchen Züchtern und Zuchtvereinen keine Freunde eintragen. Er ist aber ganz in Ihrem Sinne und einer Öffentlichkeitsarbeit für gesunde Rassen! Machen Sie keine Kompromisse, von ungeprüften Eltern kaufen Sie keinen Hund! Lassen Sie auch im Preis keinen Nachlaß zu, denn ein einwandfreier Hund darf nicht mehr kosten!

Fünfte Regel. Züchter, denen an der Zukunft der eigenen Welpen liegt, sind neugierig. Züchter, die Sie vor Abholung Ihres Hundes noch nicht einmal sehen wollen, sollten Sie nicht sehen wollen!

Seien auch Sie darauf gefaßt, daß der besuchte Züchter Sie aufs genaueste ausfragt. Er wird schon wissen wollen, ob Sie ein geeigneter, zuverlässiger und lebenslanger Betreuer für den bei ihm so liebevoll aufgezogenen Welpen sein werden. Für ihn ist auch wichtig zu wissen, wer die Bezugsperson ist. Wie wird das Umfeld des Hundes sein, Garten oder Haus? Wird auch Zeit für ausgiebige Spaziergänge sein? Er wird auch nur dann zufrieden sein, wenn er sicher ist, daß der Hütehund auch im Urlaub bei seinem Besitzer oder bei der Familie bleiben kann. Schwierig wird es für den Züchter, wenn nur ein Familienmitglied zum Erwerb vorstellig wird. Die Unsicherheit, wer dann wirklich Bezugsperson ist, ist für den Züchter sehr groß.

Sechste Regel. Wichtige Dinge rechtzeitig schriftlich vereinbaren; in Vertrags- und Geldangelegenheiten kühlen Kopf bewahren!

Wenn Sie sich schließlich entschlossen haben, bei einem bestimmten Züchter einen Welpen zu kaufen, teilen Sie ihm dies bitte schriftlich mit, dazu Ihre volle Adresse mit Telefonnummer. Sollten Sie bestimmte Wünsche haben, deren Erfüllung Ihnen der Züchter nach Vermögen zugesagt hat, so z. B. den Verkauf eines Rüden, dann teilen Sie dies bitte auch schriftlich mit. Halten Sie auch schriftlich fest, wenn die Übernahme zu einem anderen Zeitpunkt als vereinbart gelten soll, oder wenn Sie den Hund für Ausstellungs- und Zuchtzwecke erwerben wollen. Ein vernünftiger Züchter macht mit dem Welpenkäufer einen ausführlichen Kaufvertrag, der alle wichtigen bereits angesprochenen Punkte bis zum Kaufpreis regelt, dies ist sozusagen eine Quittung für den doch erheblichen Kaufpreis Ihres neuen Familienmitglieds. Auch wenn es Verträge als Vordrucke gibt, braucht jeder Züchter Zeit, die Verträge für jeden einzelnen Welpen vorzubereiten. Sie sollten sich also, sobald Sie wissen, wann Sie Ihren Hund erwerben wollen, einen dieser Verträge zeigen lassen sowie die Zahlungsweise vereinbaren.

Manche Züchter nehmen bei Absprache eine Anzahlung, die verfällt, wenn Sie sich plötzlich anders entscheiden. Der Betrag soll die Aufwendungen abdecken, die der Züchter hat, bis er für den Welpen einen anderen passenden Besitzer gefunden hat. Ich habe mitunter erlebt, daß sich Interessierte plötzlich anders entschieden, und noch nicht einmal den Anstand hatten, den reservierten Welpen abzusagen. Aber nicht jeder Züchter nimmt eine Anzahlung. Auch hier sollten sie eine schriftliche Vereinbarung treffen, wenn der Kaufpreis Sie erschreckt. Denken Sie an das, was Sie ein neues Auto kosten würde! Um wieviel eindrucksvoller ist ein Lebewesen, das Sie versteht und mit Ihnen lebt. Im Vergleich zu den jährlichen Unterhaltungskosten und den Kosten für einen Zeitraum von 12 Jahren ist der Anschaffungspreis sehr gering. Seriöse Züchter nennen für einen einwandfreien Welpen einen Komplettpreis.

Darin muß ohne jeden Aufpreis der Abstammungsnachweis (Ahnentafel oder Registrierbescheinigung) und auch die mehrfache Entwurmung (mindestens dreimal vor Übersiedlung zu Ihnen) enthalten sein. Selbstverständlich sind die vier Grundimpfungen gegen lebensbedrohliche Krankheiten, Staupe, Hepatitis, Leptospirose, Parvovirose, eingeschlossen. Als Nachweis bekommen Sie bei der Abholung Ihres Collies oder Shelties einen international anerkannten Impfpaß mit Stempel und Unterschrift des Tierarztes, der die Welpen geimpft und betreut hat.

Umsichtige, verantwortungsvolle Züchter geben dem neuen Besitzer Unterlagen zur Rasse mit:

- Fotos von Vater und Mutter der Welpen, auch Fotos des ganzen Wurfes;

- Einzelheiten zur Mitgliedschaft in einem Verein für Collies oder/und Shelties (Adressen finden Sie im Anhang);
- ein Hunde-Erziehungsbuch, ein Spezialbuch über die Rasse;
- ein Polyesterfell, das nach den Geschwistern und der Mutter der Welpen riecht;
- ein Futterpaket der Tiernahrungsindustrie, das Ihnen schon mal über ein Wochenende hilft;
- einen detaillierten Fütterungs- und Fürsorgeplan.

Auch an solchen Details zeigt sich Engagement und Verantwortungsgefühl des Züchters. Sie sollten ihn daran messen.

Siebente Regel. Einige Wochen vor der Übernahme bereits Hinweise zur Pflege und Fürsorge anfordern!

Der Züchter wird Ihnen bei Ihrem Besuch auch sagen, wann der Hütehund frühestens Mutter und Geschwister verlassen darf. Denn in den ersten 9 Wochen brauchen Welpen diesen Umgang, um in der sogenannten Sozialisierungsphase Verhaltensformen zu erwerben. Diese ermöglichen dem kleinen Hund, auch mit größeren Hunden und dominanten Personen umzugehen. In dieser Zeit entwickelt sich auch der volle Impfschutz.

Wenn junge Hütehunde zuchtausschließende Fehler haben, z. B. einen nicht lehrbuchgemäßen Gebißschluß oder eine Rutenverdickung, die man aber nicht sieht, wird der Züchter durch diesen Mangel einen verminderten Kaufpreis verlangen. Verantwortungsvolle Züchter weisen darauf hin. Sie haben aber auch die Möglichkeit, sich selbst über einen Zuchtwart oder Zuchtleiter zu vergewissern, ob alles in Ordnung ist. Der Welpe muß dazu auch mindestens 9 Wochen alt sein. Beim Zuchtwart wird auch geprüft, ob alle Welpen vorschriftsmäßig geimpft sind. Welpen werden auch unveränderlich, meist durch Tätowieren einer Zahl oder Buchstabenkombination in eines der Ohren, gekennzeichnet. Künftig wird dieser Vorgang vielleicht durch das Einsetzen eines reiskorngroßen Transponders ersetzt. Ein Zuchtwart stellt aber auch für jeden Welpen einen „Wurfabnahmebericht" aus, den sie in Kopie anfordern können. In diesem Bericht steht nicht nur der Befund des Zuchtwarts hinsichtlich Kondition und Pflegezustand der Hündin und ihrer Welpen, sondern auch für jeden Welpen eventuelle Besonderheiten oder Abweichungen. Sollte das der Fall sein, lassen Sie sich vom Züchter und Zuchtwart erläutern, ob diese oder jene Abweichung dauerhaft sein wird, und welche Bedeutung sie für den Hund und Sie haben kann. Denn ist die Abweichung von gesundheitlicher Bedeutung oder schränkt sie die beabsichtigte Verwendung des Welpen, z. B. als Zucht- und Ausstellungshund, ein, dann verzichten Sie oder treffen eine neue Vereinbarung zum Kaufpreis. Erkundigen Sie sich vor Vertragsunterschrift auch beim Zuchtverein.

Welpen aus rassetypischen Eltern sehen nach 9 Wochen, wenn sie abgegeben werden können, gesund, kräftig und oft pummelig aus. Als Anhaltspunkt für das Abgabegewicht gilt, daß Collie-Welpen im Alter von 10 bis 12 Wochen etwa 6 kg bis 8 kg wiegen, Rüdenwelpen oft an der oberen Grenze, Hündinnenwelpen mitunter an der unteren Grenze. SheltieWelpen wiegen etwa 3 kg. Fragen Sie jetzt nach Fütterungs- und Pflegeanleitung. Machen Sie sich vorab Notizen und auch während des Gespräches. So weiß man, was man am bedeutsamen Abholtag alles im Hause haben muß. Man kann es geruhsam in der Woche einkaufen und muß nicht, wenn der Welpe am Wochenende abgeholt wird, zum nächsten Flughafen oder Hauptbahnhof rasen, um in den dort noch geöffneten Läden die Welpenerstausstattung zu komplettieren. Viele Züchter geben ihren Welpen ohnehin einen „Notverpflegungskoffer“ zur weiteren Nahrungsanpassung mit.

Ein weiterer Punkt der sinnvollen Vorbereitung ist, eine artgerechte Geselligkeit vorzubereiten, die dem jungen Hund, nachdem er Mutter und Geschwistern entrissen wurde, zusteht. Lesen Sie daher Wochen vor der Übernahme Ihres Welpen das Kapitel dieses Buches odere andere über „Welpenspielstunden“. Verantwortungsvolle Züchter sind ohnehin daran interessiert, daß Sie sich nach Heimkehr mit dem Welpen bald melden und informieren, wie sich der kleine Hund auf der Fahrt und im Haus zurechtgefunden hat. Sorgfältige Züchter verlangen, daß Sie den Welpen bald nach Ihrer Ankunft Ihrem Tierarzt vorstellen und dessen Bestätigung einholen, daß mit seinem neuen „Klienten“ alles in Ordnung ist. In Deutschland gilt auch bei Tierkäufen, daß „erkenntliche Mängel“ innerhalb von 6 Monaten, von Übernahme des Hundes an gerechnet, gerügt werden.

Fütterung des Welpen

Wir raten, den Tagesablauf der Fütterung von 8 Wochen alten Welpen (Sheltie-Welpen meist ab 10 Wochen) wie folgt zu gestalten:

08.00 Uhr: Eine Tasse Welpennahrung der bekannten Hersteller, die zuvor mit handwarmem Wasser bedeckt und eine halbe Stunde lang eingeweicht wurde. Als Alternative kann andere Welpenkost verfüttert werden; fragen Sie aber bitte den Züchter, bevor Sie die Marke wechseln.

12.00 Uhr: Die Hälfte einer Dose „PAL Junior“, vermischt mit zwei Eßlöffel Hundeflocken, dazu jeweils ein Teelöffel Bierhefeflocken aus dem Reformhaus, ein Teelöffel Quark (Vollfettstufe) und eine kleine, fein geriebene Mohrrübe.

18.00 Uhr: Fleischmahlzeit. Geben Sie Fleisch, immer roh, in gulasch- bis hühnereigroßen Brocken, denn Ihr Welpe hat schon gute Zähne. Aber nie Fleisch vom Schwein oder Lamm füttern, da dies mit lebensbedrohenden Aujeszky-Viren befallen sein könnte! Abwechslungsreich füttern, so z. B. Rinderkopffleisch, roher, nur leicht gewaschener grüner Blättermagen, Rinderpansen, Herz, Suppenfleisch. Keine Nieren, keine Lunge, wenig Leber. Wichtig: Die Menge der Fleischmahlzeit muß so bemessen werden, daß Ihr Welpe auch die Fertigfuttermahlzeit am nächsten Morgen noch mit spontanem Appetit frißt. Die vorgenannten Mengen langsam, aber ständig vergrößern. Der Welpe muß stets die nächste Mahlzeit mit Heißhunger, sofort und vollständig auffressen. Wenn Ihr Welpe 6 Monate alt ist, bekommt er nur noch 2 Mahlzeiten am Tag. Wechseln Sie gleichzeitig allmählich von Welpenkost zur Normalkost wie folgt:

09.00 Uhr: Vollkost renommierter Hersteller. Wir lehnen käufliches Halbfeuchtfutter ab. Bevor Sie das Futter wechseln, fragen Sie immer den Züchter – er hat die besten Erfahrungen!

16.00 Uhr: Fleischmahlzeit. Die Grundsätze dafür sind oben beschrieben. Ab und zu, so auf Reisen, bei schlechtem Appetit oder nur einmal so ist das sonst wegen seines hohen Wassergehalts zu teure Dosenfutter (Vollnahrung) ratsam. Ihr Welpe kennt „PAL Junior“ von Jugend an, wir halten dies für das beste unter den Dosenfuttern.

Als Zwischenmahlzeit sind möglichst harte Hundekuchen sinnvoll, dann muß aber frisches Wasser bereit stehen. Unsere Hunde fressen mitunter auch Äpfel, und den Fertigfuttermahlzeiten setzen wir je einen Teelöffel Speiseöl zu. Ab und zu auch ein Eigelb in das Futter geben (ist gut für Haut und Fell). Eiweiß ist jedoch, besonders wenn roh verfüttert, ein Vitaminräuber und läßt den Hund ungeahnte Gerüche produzieren. Zum Abreagieren des Nagebedürfnisses sind große, möglichst lange stabile Rindermarkknochen oder gekochte, gereinigte und getrocknete Rinderhufe geeignet. Von anderen Knochen ist abzuraten. Bis zum 7. Monat können Sie Ihren Welpen kaum überfüttern. Aber danach gilt: Ihr Welpe ist richtig gefüttert, wenn man die Rippen vage fühlen kann.

Pflege des Welpen

Zu den wichtigsten Pflegemaßnahmen gehören:

Ohren. Das Reinigen erfolgt nur in Ausnahmefällen. Wenn überhaupt, die äußeren Gehörgänge, soweit sichtbar, mit einem mit Brennspiritus befeuchteten Wattebausch reinigen.

Fell. Täglich von mitgeschleppten Ästchen und Blättern reinigen. Feuchten Schmutz abtrocknen lassen und ausbürsten, auch den nassen Hund nicht abrubbeln! Zähen Schlamm kann man in der Dusche abbrausen, aber bitte ohne jegliches Waschmittel. Die Haut und das Haar haben nämlich von Natur aus eine feine Pflege- und Schutzschicht, die von Waschmitteln zerstört wird und sich nur recht langsam wieder aufbaut. Alle 14 Tage gründlich bürsten, wie auf den Seiten 100 ff. ausführlich beschrieben.

Krallen. Dann kürzen, wenn sie sich nicht von selbst abgelaufen haben.

Wurmkur, Impfungen. Alle 6 Monate mit Welpan-Lösung (von Bayer) entwurmen. Jährlich gegen Leptospirose, Tollwut und Parvovirose nachimpfen lassen, alle 2 Jahre gegen Staupe und Hepatitis. Damit bleibt Ihr Welpe gesund, aktiv und entwickelt sich bei konsequenter Erziehung zum perfekten Familienmitglied. Rutscht Ihr Welpe auf dem hinteren Körperteil entlang, könnten die Analdrüsen verstopft sein: Fragen Sie ihren Tierarzt oder den Züchter! Siehe auch das Kapitel Gesundheit.

Leider kommen nicht alle in Deutschland lebenden Collies und Shelties aus kontrollierten Zuchtstätten, in denen typische Collies oder Shelties als Zuchttiere artgerecht gehalten und – vor allem – Welpen mit bester Prägung auf den Menschen und Berührung mit allen Dingen der Außenwelt aufgezogen werden. Auch heute noch vertreiben Züchter, bei denen die Entscheidung, ob sie Hunde oder Schweine züchten werden, nur vom möglichen Ertrag bestimmt wird. Diese unverantwortlichen Züchter bieten ihre Produkte über den Tierhandel oder über Zeitungsannoncen an. Wohlgemerkt, diese Art von Vermarktung geschieht durchaus problemlos – das Elend der Hunde, das mit der Vermarktung einhergeht, bekommen der Welpeninteressent oder Käufer nicht zu sehen. Es ist fraglich, ob diese Hunde die Wochen nach der Vermarktung problemlos überstehen. Denn diese Hundekinder durchlaufen von ihrer meist erbarmungswürdigen Zuchtstätte, über den „Versand" bis zu den gefühlskalten Verkaufsstätten unterschiedliche Umgebungen, oft mit hohem Keimmilieu. Das muß ein Welpe erst einmal überstehen. Andererseits meistern auch gerade diese Hunde viele Gesundheitsgefahren. Den arglosen Käufern jedenfalls wünschen wir einen Welpen mit robuster Gesundheit und nicht einen, der für sie nach diesen Abenteuern auch ihr letzter Hund war. Oft überleben diese Hunde nur mit massiver Hilfe des Tierarztes und aufopfernder Pflege ihrer neuen Familie. Auch vom Aussehen sind nur die wenigsten dieser Hütehunde schöne und typische Collies oder Shelties, wie Sie diese nun von diesem Buch her kennen. Sie können aber ebenso geliebte Familienmitglieder sein wie die, die wohlbehütet beim verantwortungsvollen Züchter aufwuchsen. In der Anschaffung haben diese Hunde wenig gekostet, aber der Unterhalt ist genauso groß wie bei einem vom Züchter bezogenen Welpen. Durch die Prüfungsverfahren wird aber gesichert, daß diese Hunde nicht zur Zucht verwendet werden.

Haltung

Hütehunde fühlen sich bei Ihrer Familie wohl. Sie vertragen sich auch mit anderen Hunden. Natürlich tritt mit der Haltung von zwei Hunden eine vertraute Zweisamkeit ein, also nur zu empfehlen.

Dennoch sind sich die Autoren dessen bewußt, daß ein Hund in der Familie heute durchaus gesellschaftlich akzeptiert wird. Mit zwei Hunden ist man schon ein ganzes Stück außerhalb der Normalität. Zwei Hütehunde haben einen erheblichen Platzbedarf. Sie schränken auch die Möglichkeiten der Betreuung, z. B. im Urlaub, ein. Die Autoren gehen entweder nur dort in den Urlaub, wo sie ihre Hunde mitnehmen können, oder sie finden jemanden, der sie zu Hause bei den Hunden vertritt.

Wenn Sie sich schon einen Collie oder Sheltie leisten, müssen Sie ihn auch artgerecht halten. Dazu gehört, daß er im wesentlichen bei Ihnen im Haus lebt. Ein Zwinger ist aus der Sicht der Autoren nach vielen Erfahrungen in der Hundehaltung eine Form der Vernachlässigung und nur akzeptabel, wenn er ausschließlich der kurzzeitigen sicheren Verwahrung des Hundes oder zu dessen eigenem Schutz dient. Wo auch immer der Hütehund sich aufhalten soll, sind die Anforderungen der auch in Deutschland gesetzlich bindenden „Verordnung zum Halten von Hunden im Freien“ und darüber hinaus die „Mindesthaltungsbedingungen“, die Collie- und Sheltie-Vereine vorschreiben, zu berücksichtigen. Es sind dies u. a.:

- Schutz vor Witterung,
- gesunderhaltende Liege- und Rückzugsflächen,
- frisches Wasser,
- saubere Umgebung,
- keine Einschränkung von Sicht- und Hörverbindungen zur Außenwelt.

Das alles schulden Sie Ihrem Hund ohnehin. Aber am besten ist ein Hütehund vorwiegend in „seinem“ Haus bei Ihnen in der Wohnung aufgehoben. Wenn Sie mit Ihrem Hund rausgehen, und das will er möglichst oft und lange, braucht Ihr Hund eigentlich nichts außer einem guten Halsband. Am schönsten sieht ein sattlermäßig handgenähtes Naturlederhalsband mit Messingbeschlägen aus, dazu die passende Leine. Aber praktischer ist ein Halsband aus Nylonband mit Steckverschluß, am besten noch verstellbar in der Weite, dazu die passende Leine. Beide Teile sind weniger schmutzempfindlich und nässefest. Beim Welpen werden Sie – fragen Sie den Züchter Ihres Hundes vor dem Abholen nach dem Halsumfang des Welpen – ein eigenes kleines Halsband anschaffen müssen. Er wird schnell heraus wachsen, aber das sind noch die geringsten Kosten. Bei der Leine sollten Sie darauf achten, daß sie genügend Volumen hat, so daß Sie sie gut festhalten können. So lange Ihr Hund frei läuft, können sie diese mit einer passenden Vorrichtung um die Schulter hängen. Lederleinen sind stabil und werden mit zunehmender Patina immer schöner. Aber sie haben viel Volumen und werden, wenn sie zur Pflege eingeölt sind, bei Nässe etwas seifig. Auch hier erscheinen die Nylonbänder als Leinen praktischer. Diese Leinenbänder kann man klein in der Tasche zusammenrollen. Sie werden bei Regen nicht schwerer. Man kann sie auch waschen und sie sind dann wieder fast wie neu. Über Farbe und Schmuck entscheiden Sie. Wir raten auch von Geschirren ab, insbesondere solchen, die den Hund am Kopf führen. Sie funktionieren zwar, aber erwecken den Hundelaien gegenüber den Eindruck, es handle sich um eine besonders schwierige, evtl. aggressive Rasse. Verwenden Sie diese allein schon aus Gründen der Öffentlichkeitsarbeit bitte nicht! Am Halsband können Sie Ihre Telefonnummer einsticken lassen oder auf einem Anhängeplättchen verzeichnen, das mit der Impfmarke zusammen befestigt wird. Den Namen des Hundes haben die Autoren nie verzeichnet: wenn jemand unseren Hund stiehlt, soll er nicht auch noch wissen, wie er sich rufen läßt!

Zu raten ist, im Rahmen der Allgemeinerziehung Ihren Hund auf Pfeifsignale zu trainieren. Metallpfeifen, insbesondere verchromte, die Signale im für Menschen nicht hörbaren Bereich erzeugen. Diese Pfeifen sind schön, frieren aber an bitterkalten Tagen an den Lippen fest. Besser sind traditionelle Pfeifen, die aus Horn gefertigt sind. Mit einer Lederschnur kann man Sie um den Hals hängen.

Große Hunde erzeugen erhebliche Kotmengen. Nun stört dies niemanden, wenn Ihr Hund im Garten absetzt und Sie alles sofort beseitigen.

Schließlich kann man geringe Mengen kompostieren oder in die Mülltonne werfen. Viehhalter mögen es nicht, wenn durch solche Kotansammlung Weidetiere diese Stellen meiden müssen. Die Ackerfrüchte können nicht geerntet werden, wenn sie verunreinigt sind. Gärtner sind ärgerlich, wenn ihnen beim Mähen des Rasens Kot im Grünschnitt um die Ohren fliegt. Haus und Gartenbesitzer sind über Hundekot in Beeten oder Vorgärten ärgerlich. Schlechte Öffentlichkeitsarbeit treiben diejenigen Hundebesitzer, deren Hunde sich auf Kinderspielplätzen versäubern, auf Gehwegen oder mitten auf verkehrsreichen Flächen. Die Autoren als ausgewiesene Hundefreunde haben Verständnis dafür, wenn dadurch Menschen schließlich zu Hundefeinden werden. Üben Sie deutlich Kritik an Hundebesitzern, die die Hinterlassenschaften ihrer Hunde

Auch drei Hütehunde sind etwas Wunderbares! Collies vertragen sich gut untereinander, aber auch mit Shelties. Collies: Dark-sable-Hündin „Yennie vom Wengerhof" und Tricolour-Rüde „Ilia O'the Highlands" mit Gold-sable-Hündin „Duffey O'the Highlands" bei Renate und Klaus Frankenberger

weder wegräumen noch korrekt entsorgen. Zur normalen Spaziergeh-Ausrüstung gehört eine Rolle von am besten undurchsichtigen waschhandschuhgroßen Plastikbeuteln. Wenn sich Ihr Hund löst, stecken Sie also als zivilisierter Hundebesitzer Ihre Hand in einen solchen Beutel, umfassen das Corpus delicti und ziehen den Beutel darüber. Dann entsorgen Sie den Beutel mit gutem Gewissen im nächsten Mülleimer.

Das weitere Zubehör im Haus ist eine Frage des Geschmacks und des Geldbeutels. Im Haus liegt der Hütehund vermutlich dekorativ auf Ihrem Berberteppich oder, wie auch unsere Hunde, auf dem Ledersofa, das eigens (Büffelleder hält am meisten aus) mit Rücksicht auf die Hunde angeschafft wurde. Hunde liegen am liebsten auf dem Boden, besonders wenn eine Fußbodenheizung installiert ist. Alternativ paßt eine Liegekiste mit geeignetem Einstieg; sie muß so groß in der Grundfläche sein, daß Ihr erwachsener Hütehund ausgestreckt darin liegen kann. Wenn mehr Hunde als einer darin liegen, muß sie entsprechend größer sein. Da hinein gehört eine nachgiebige Matte, so zum Beispiel aus Recyclinggummi, die keine Feuchtigkeit aufnimmt. Solche Matten haben sich bei uns auch als wetterfeste Außenliegeflächen bewährt; bei Verwendung solcher Liegeflächen kommt es nicht zur Entstehung häßlicher Liegeschwielen. Auf der Matte liegt noch ein Liegefell. Bewährt haben sich Polyesterfelle, umgangssprachlich bei Hundeleuten mit dem Markennamen der Ersterfinder „vetbed“ benannt. Diese Felle kann man in der Waschmaschine waschen, sie sind ziemlich unzerreißbar und halten sehr lange. Für die Zeit des Heranwachsens und für den Ihnen nicht zu wünschenden Fall, daß Sie Besuch bekommen, der vor Ihrem Hund Angst hat, halten Sie einen Klappkäfig bereit. Es gibt tatsächlich im Zubehörhandel einen zusammenklappbaren Käfig aus verchromtem oder farbig beschichtetem Stahlgitter, den man zusammengeklappt wie einen Koffer am Griff davontragen kann. Aufgeklappt kann ein erwachsener Collie oder Sheltie darin stehen oder liegen. Der Zugang erfolgt durch eine gesicherte Tür an der Giebel- oder Längsseite. In diesem Käfig bleibt ein Hütehundwelpe sicher aufbewahrt.

Für die Unterbringung in der Nacht ist er auch geeignet, weil Hunde als Nesthocker so veranlagt sind, daß sie ihr Nest nur im Notfall beschmutzen. Ein Collie- oder Sheltie-Welpe wird also eher winseln, damit sie ihn rauslassen, als daß er in seinen Käfig uriniert. Dieser Käfig ist mehr als ratsam, der Preis (1999) liegt etwa bei 400,– DM. Die erforderliche Länge und Höhe messen Sie am besten am erwachsenen Collie oder Sheltie ab.

Dieser Käfig ist auch praktisch, wenn Sie das Frachtabteil Ihres Kombis nicht ausschließlich Ihrem Hund zuteilen wollen, oder wenn Ihr Hütehund dazu neigt, am Ziel der Fahrt bei Öffnen der Heckklappe kopflos hinauszustürzen und evtl. überfahren wird. Der Käfig kann in aller Ruhe dann geöffnet werden, wenn man die Leine bereit hat und keine Gefahr droht. Parken Sie im Sommer, ist es allemal besser für den Hund, wenn Sie die Heckklappe öffnen. Dann hat Ihr Hund Luft.

Schließlich werden Sie Ihren Käfig schätzen, wenn Sie den Hund bei Besuchen einsperren müssen. Der Hund fühlt sich nicht aus der Gemeinschaft ausgeschlossen, da er sich im Käfig an Ihrem Aufenhaltsort aufhält.

Schmutzige und nasse Hunde kann man, wie zuvor beschrieben, nach einer manuellen Grobreinigung in einem separaten Raum wie dem Flur oder Bad trocknen lassen. Sollte das Baden doch notwendig werden, verwenden Sie ein spezielles Shampoo, im Notfall auch ein mildes Haarshampoo. Auf den Geruch brauchen Sie hierbei nicht zu achten, Hunde hassen Parfüm. Dann ist es wohl am besten, wenn Sie ein Shampoo erwerben, das einen deutlichen Anteil von Eukalyptusöl enthält. Denn sämtliche Hundeparasiten hassen Eukalyptusöl. Im Sommer müssen Sie beim oder nach dem Spaziergang das Haarkleid nach Zecken absuchen, siehe auch Kapitel „Gesundheit“, Seite 161 f. Die Autoren sind keine Freunde der Flohhalsbänder. Sie sind nur beim Spaziergang akzeptabel. Danach bewahren Sie das Band in einem dicht schließenden Marmeladenglas auf. Manche dieser Halsbänder verlieren allerdings nach einem Bad des Hundes drastisch an Wirksamkeit. Flöhe sind bei Hunden und ihren Haltern mitunter ein Problem. Hierfür hat Ihr Tierarzt jedoch inzwischen probate Lösungen. Am längsten und zuverlässigsten hilft ein Medikament, das beim Hund durch die Haut dringt. Der Floh erhält einen tödlichen Leckerbissen.

Der Hütehund wächst heran

Sowohl Shelties als auch Collies zählen zu den normalwüchsigen Rassen, dennoch ist ihre Entwicklung rasant. Ein Collie-Welpe wird mit einer Masse von etwa 350 g bis 400 g (Shelties 150 g bis 250 g) geboren und nimmt innerhalb der ersten 12 Monate um das Fünfundachtzigfache auf 24 kg bis 30 kg (8 kg bis 9 kg beim Sheltie, also um das Vierzigfache) hinsichtlich des Endgewichtes zu. Das ist ganz anders bei einem Chihuahua, der, mit 150 g geboren, in etwa in derselben Zeit bis zu einem Endgewicht von beispielsweise 2,5 kg heranwächst, das ist nur etwa das Sechzehnfache.

Sicher aufgehoben, mit viel Luft und Aussicht. In diesen Klappkäfig passen zwei Shelties oder ein Collie

Wenn also der Hütehund so schnell an Gewicht und Größe zunimmt, ist der Organismus durch die Wachstumsvorgänge beansprucht. Die Knochen bauen sich langsam, aber raffiniert auf, werden immer fester, aber eben nur langsam. Es ist daher wichtig, den jungen Hund nicht übermäßig zu beanspruchen. Man darf ihn auch nicht übermäßig füttern, denn das Körpergewicht kann nur von diesen langsam wachsenden und fester werdenden Knochen getragen werden. Bei jeder Bewegung ziehen an diesen Knochen Muskeln, Sehnen und Bänder.

Wann ist der Collie oder Sheltie ausgewachsen? Wenn das Welpenhaar ausgeht und das endgültige Haarkleid erscheint, ist der Hütehund meist ausgewachsen. Nach den Erfahrungen der Autoren erfordert das Heranwachsen des Collies oder Shelties immer genügend, aber nicht zuviel Futter. Als Faustregel gilt auch hier: man muß die Rippen gerade fühlen können. Noch sicherer ist eine Begutachtung des Heranwachsenden durch erfahrene Züchter, Zuchtrichter oder Tierärzte, die mehr spezifische Kenntnisse der Rasse haben.

Entwicklung einer Sheltiehündin: „Mona Melissa v. 't Maartenshuis" (oben) im Alter von 6 Tagen. Die endgültige Fellfarbe ist schon erkennbar

Futterzusätze wie Vitamine und Mineralien sind unseres Erachtens nur bei Welpen mit Mangelzuständen erforderlich. Wenn Sie Ihren Welpen von einem vernünftigen Züchter haben, wird das nicht der Fall sein. Wir glauben, daß solche Mittel weniger dem Hund als vielmehr dem Umsatz ihres Herstellers nützen. Nun soll unser Hütehund aber nicht in Watte gepackt werden. Er soll zu einem kräftigen und robusten Hund heranwachsen. Also braucht er Bewegung, genügend Ruhe und Schlaf, um heranzureifen. Nach Erfahrung der Züchter beider Rassen erhält er dies optimal, wenn er mit einem anderen Hütehund zusammenlebt und mit diesem spielen kann. Dann nimmt er sich auch Auszeiten, wann er sie braucht. Im Spiel wird ein Welpe körperlich am vielseitigsten beansprucht. Das ist auch eines der Geheimnisse, die bei allen Rassen bewirken, daß sich der beim Züchter verbliebene Welpe in der Regel besser entwickelt als seine Geschwister, die eventuell als verwöhnte Einzelhunde in der Familie leben.

Ein junger Hütehund muß neben der ausgewogenen Ernährung körperlich vielseitig beansprucht werden. Die Bewegung verschafft man ihm optimal, wenn man nach dem

Sheltiehündin „Mona Melissa v. 't Maartenshuis" im Alter von 4 Wochen, Kopftypus noch eher untersetzt

Auslaufen der Welpenspielstunden einen Hundetreff mit anderen Hundebesitzern organisiert, zu dem sich immer dieselben Hunde während der Zeit des Heranwachsens regelmäßig treffen. Diese Hunde kennen sich und spielen ohne Probleme miteinander.

Natürlich ist das nicht immer möglich, aber der regelmäßige und lange Spaziergang ist auch eine Lösung. Hier ist ein Wort der Vorsicht angebracht! Bis der Welpe vollständigen Impfschutz hat, das ist in der Regel am Ende der 12. Lebenswoche, sollte er nur mit großer Vorsicht in die „hundliche Öffentlichkeit" gebracht werden. Nach der vollen Immunisierung hat er aber bald alle Abwehrstoffe. Legen sie zunächst eine kurze Spaziergangsdauer fest, steigern Sie diese mit Augenmaß, wenn der Welpe offenbar an Kondition zulegt. Bei einem Welpen von etwa 6 Monaten, der regelmäßig täglich seinen Spaziergang hatte, kommen Sie eventuell schneller an die Grenzen Ihrer eigenen Leistungsfähigkeit. Es gibt Forderungen, die man bis zum 1. Lebensjahr besser unterläßt. Das ist z. B. das Mitlaufen am Fahrrad, das auch beim erwachsenen Hütehund niemals so schnell geduldet werden sollte. Zuviel ist aber auch

Sheltiehündin „Mona Melissa v. 't Maartenshuis" im Alter von 6 Wochen, Kopf im „Kindchenschema"

jede Form der Sprungaktivität, die mehr ist als das, was der junge Collie oder Sheltie aus eigenem Antrieb ausübt. Alle Hunde sind, und das weiß man heute, hinsichtlich der Entwicklung ihrer Schulter- und Ellbogengelenke mitunter empfindlich, da ist jede Sprungaktivität gefährlich. Schäden an den Gelenken in der Jugend sind in der Regel nicht reparabel. An dieser Stelle wollen wir nochmals davor warnen, dem jungen Hund irgendwelche Zusatzfuttermittel zu verabreichen, die etwa die Knochenentwicklung fördern. Sie kosten nur Geld und sind gegen eine natürliche Entwicklung gerichtet.

Zum Verhalten des heranwachsenden Hundes zählt das Hoch- oder Anspringen. Dies ist den Hunden zwar in das Grundrepertoire ihres Verhaltens mitgegeben, aber viele Leute empfinden Angst oder haben Sorge um ihre Kleidung. Beim Welpen nichts erlauben, was der erwachsene Hund später auch nicht darf. Es ist daher besser, ein solches Verhalten von Anfang an nicht zu fördern oder zu belohnen. Eine Belohnung ist aber bereits, wenn Sie den hochspringenden Hund streicheln. Also, gestreichelt wird der Welpe nur, wenn er auf seinen vier Pfoten steht, oder wenn er sitzt. Als Abwehr für das Hochspringen reicht das „Nein!“ und das Zurücktreten um einen Schritt, um den Sprung ins Leere gehen zu lassen. Auch das Halsband wird für den Spaziergang nur dann angelegt, wenn der Hund steht oder sitzt. Viele Besitzer erlauben das Hochspringen, um den Hund bequem streicheln zu können. Es ist aber nicht sehr vernünftig.

Sheltiehündin „Mona Melissa v. ‘t Maartenshuis“ im Alter von 11 Wochen. Noch welpenhaft plump, aber schon vielversprechend entwickelt

Sheltiehündin „Mona Melissa v. 't Maartenshuis" im Alter von 8,5 Monaten. Wie alle kleineren Rassen ist der Sheltie körperlich schon recht früh fertig entwickelt

Zur Aufzucht eines Hundes gehört neben der allgemeinen Erziehung, herkömmlich als „Stubendressur" bezeichnet, auch die Einführung des jungen Hundes in die Umwelt. Nur die Vielfalt der Umweltreize prägt den jungen Hund zu einem ausgeglichenen Begleithund. Wenn der Welpe aus einer guten Zuchtstätte kommt, kennt er von dort schon Geräusche von Haushaltsgeräten und Verkehrsmitteln. Die Autoren nennen gern das Beispiel der in Städten zu beobachtenden Hunde. Dort zeigen auch unangeleinte Hunde im Umgang mit anderen Menschen und Hunden ein souveränes Verhalten. Selbstverständlich sind die gültigen Bestimmungen zum Leinenzwang der Städte und Länder zu beachten. Also ist es folgerichtig, daß wir nach Möglichkeit auch einen Hütehund überallhin mitnehmen. So wird er in jeder Situation ein angemessenes Verhalten zeigen.

Hunde jeden Alters sollten nicht in Versuchung kommen, Schaden anzurichten. In der Zeit des Heranwachsens sollten nichtgetragene Schuhe

Sheltiehündin „Mona Melissa v. 't Maartenshuis" im Alter von 11 Monaten. Kopf nun typisch gestreckt, Jugendchampion-Titel schon erreicht

und Kleidungsstücke außer Reichweite sein. Es ist töricht, dem Hund alte Schuhe oder Textilien zum Spielen oder Zerstören zu überlassen. Woher soll Ihr Hund den Unterschied zu neuen Kleidungsstücken wissen. Teppiche mit Fransen haben für Hunde magische Anziehungskraft. Sie halten Fransen für überflüssig und fressen sie ab. Auch arbeiten Hunde daran, allen Teppichen abgerundete Ecken zu geben. Wenn Sie andere Vorstellungen haben, räumen Sie die Teppiche besser weg, bis Ihr Hütehund aus dem sogenannten Flegelalter im 1. Lebensjahr heraus ist. Tische aus Glas in Höhe der Hundeschnauze sind unpraktisch, man robbt stets darunter, um die Nasenabdrücke wegzuwischen. Tische in dieser Höhe bedeckt man auch besser nicht mit Nahrungsmitteln. Sie werden schnell als Leckerbissen erkannt. Hunde aller Rassen finden als erstes heraus, daß Betten am meisten nach ihren Menschen riechen, als zweites und das dauerhaft, daß man darauf gemütlich liegen kann, auch läßt sich von dieser erhöhten Position auch alles viel besser überblicken. Kühlschränke und Mülleimer sollten dicht und fest schließen.

Erziehung zum Hausgenossen

Wie bereits ausführlich beschrieben, schuldet jeder Hundebesitzer, egal welcher Rasse, der Öffentlichkeit, daß nur erzogene Hunde auftreten. Sie kaufen einen gesunden Welpen, aber keinen erzogenen. Eine jetzt folgende Erziehung ist um so einfacher und auch dauerhafter, je früher sie begonnen und konsequent durchgehalten wird. Richtig angefangen, ist sie nicht viel Arbeit, sondern auch Beschäftigung und Spaß für Besitzer und Hund, darüber hinaus stärkt sie das Zusammengehörigkeitsgefühl.

Wer ist wofür zuständig?

Grundsätzlich muß immer ein Ansprechpartner in der Familie für den Hund zuständig sein. An die von dieser Person aufgestellten Regeln müssen sich alle anderen Familienmitglieder halten. Es ist voreilig geurteilt, daß der Kontakt nur durch die Futternahme gefestigt wird. Hunde haben ein untrügliches Gefühl für die Machtverteilung in der Familie, das wird auch durch unsere Erfahrung bestätigt. Da Hunde ihrer Instinktausstattung nach Rudeltiere sind, achten Sie darauf, wer in der Kommunikation dominant ist. Dies funktioniert ganz bestimmt beim Collie, muß sich aber beim Sheltie nicht ebenso verhalten. Shelties, und das ist gewiß ein Erbe ihrer uncolliehaften Vorfahren, reagieren ursprünglicher und schließen sich oft nach eigener Wahl einem bestimmten Familienmitglied an. Aber insgesamt gilt, alle Familienmitglieder müssen die aufgestellten Regeln einhalten.

Welpenspielstunden

Wenn Sie nicht gerade schon Hunde unterschiedlicher Rasse und Alters zu Hause haben, hat der neue Hund im Vergleich zu seiner bisherigen Lebensphase plötzlich viel Kontakt mit Menschen und Hunden. Jetzt wird das gefestigt, was in der sozialen Ordnung innerhalb der Geschwistermeute mit der Mutterhündin begonnen hat. Es gibt dazu empfehlenswerte Bücher von Heinz Weidt und Dina Berlowitz über Prägungsspieltage. Welpenspielstunden sind für ein Hundeleben sehr nachhaltig. Informieren Sie sich, wer Welpenspielstunden abhält. Zuerst bei den Zuchtvereinen für Hütehunde, dann bei deren Regionalgruppen, nach weiterer Fehlanzeige bei den lokalen oder regionalen Hundevereinen, auch wenn diese rasseorientiert sind. Weitere mögliche Ansprechpartner wären die drei Retriever-Clubs, oder

Sie kontaktieren den Club für Französische Hirtenhunde. Auch der Rassezuchtverein für Hovawart-Hunde könnte hilfreich sein. Schließlich der Deutsche Hundesportverband e. V., alle Adressen können Sie bei der Geschäftsstelle des Verbandes für das Deutsche Hundewesen e. V. (VDH) erfragen. Wenn Sie trotz aller Anstrengungen keinen Platz finden, informieren Sie sich über Ihren Tierarzt, wer in letzter Zeit neue Hunde vorgestellt hat. Sie organisieren gemeinsame Spaziergänge mit anderen Welpen, einschließlich große Spielstunde auf einer Wiese. Nutzen Sie das vielseitige Literaturangebot über Prägungsspieltage.

Stubenreinheit

Bei den Saugwelpen der ersten Wochen, jedenfalls solange die Welpen ausschließlich von der Hündin ernährt werden, putzt die Mutterhündin die Welpen, sie leckt sie ab und nimmt flüssige und feste Ausscheidungen der Welpen auf. Das war schon beim Wildtier Wolf, dem Ahn aller Hunde, instinktiv so, um sicherzustellen, daß Freßfeinde nicht das Wurflager über den Geruch der Welpenausscheidungen finden konnten. Ab dem Zeitpunkt, zu dem die Welpen vom Menschen zubereitetes Futter erhalten, säubern viele Hündinnen ihre Welpen nicht mehr oder nur sehr unzureichend. Die Welpen sind dann auch alt genug, um Kot selbständig abzusetzen, auch Defäkation genannt. Nach ihrem Instinktmuster suchen sie dazu, sobald sie können, die entfernteste Ecke ihres Lagerplatzes auf. Bei den Autoren werden die Welpen anfangs in einer großen Wurfkiste, anschließend in einem kleinen Zedernholzhäuschen mit Zugang über eine Holzterrasse zum Garten aufgezogen. Welpen nutzen anfangs die entfernteste Ecke der Wurfkiste als Toilettenecke, nach dem Umzug ins Holzhäuschen dann die äußerste Ecke des Häuschens, schließlich, wenn sie besser zu Fuß sind, die vorgelagerte Holzterrasse, um dann konsequent nur noch in den Garten zu gehen. Unsere erwachsenen Hunde suchen zum Lösen auch stets die äußerste Ecke des Grundstücks auf. Wenn Sie einen Züchter finden, der die Stubenreinheit bereits durch die Gestaltung der Aufzuchtbedingungen gefördert hat, ist das schon eine sehr gute Vorbereitung zur Stubenreinheit. Allerdings ist der Vorbehalt zu machen, daß es bei jungen Hunden unterschiedliche Entwicklungsstufen gibt, es kann auch ein ausgesprochenes Ferkel darunter sein. Zusammengefaßt folgende Merkmale:

Merksatz 1: *Was „reingegangen ist, geht auch wieder raus“ – je jünger der Welpe ist, um so schneller. Also „muß“ der Welpe unmittelbar nach dem Fressen und oft auch nach dem*

Saufen. Also, erhöhte Aufmerksamkeit beim Hundehalter!

Merksatz 2: *Vermeiden, daß passieren kann, was nicht passieren soll.*

Es ist klüger, den Hund unter Ihrer Aufsicht unmittelbar nach dem Schlafen und unmittelbar nach dem Fressen oder Saufen dorthin zu bringen, wo Harnabsatz und Lösen unbedenklich möglich sind. Schnell entwickelt Ihr Hund eine Präferenz , bestimmte Plätze werden bevorzugt und andere gemieden. Nach vollbrachter Leistung loben sie den Welpen, so entsteht ein Handlungsmuster, wonach der Hund diesen Vorgang mit der anschließenden Beliebtheit assoziiert. Nie vorzeitig in Haus und Wohnung zurückkehren! Bauen Sie eine Art Training auf. Schnell findet der Hund heraus, daß man ganz prächtig mit warmen und trockenen Pfoten ins Haus pinkeln kann. Wichtiger Tip: Den jungen Hund nicht langsam zum Versäubern hinausführen, oft ist der Weg zu lang. Zuverlässiger ist es, den Welpen dann entschieden auf den Arm zu nehmen.

Merksatz 3: *Eine Stoppuhr hilft!*

Stellen Sie sich anfangs eine Zeituhr, die Sie daran erinnert, daß der Welpe zunächst, auch wenn er nicht frißt oder säuft, etwa jede Stunde ins Freie geführt wird. Die Abstände werden allmählich immer länger. Erwachsene Hunde können 12 und 14 Stunden ohne Auslauf auskommen. Sie empfinden auch die Ungemütlichkeit des Wetters und schieben den Drang auf. Die Autoren sind gegen provisorische Hundetoiletten im Haus, wenn eine solche Einrichtung nicht dauerhaft gewünscht ist, also gilt:

Merksatz 4: *Solange Sie den Welpen nicht beobachten oder kontrollieren können, ist der Klappkäfig der geeignete Aufbewahrungsort.*

Dies gilt für die Nacht ebenso wie für kurzfristige Abwesenheit. Aber vorher geben Sie dem Hund Gelegenheit zum Spaziergang, um Harn und Kot abzusetzen. Kurz nach der Übernahme des Welpen vom Züchter den Käfig anfangs ins Schlafzimmer stellen, damit Sie merken, wenn der Hund sich meldet.

Dann sofort auf den Arm und hinausbringen. Warten, bis alles erledigt ist, was anliegt. Nicht zuviel reden, sonst hält der Welpe dies für eine Spielstunde.

Merksatz 5: *Gut Ding will Weile haben.*

Die Entwicklung zur Stubenreinheit braucht ihre Zeit. Häufig gibt es einen merklichen Fortschritt, dann folgen Rückfälle. Oft muß auch professionelle Hilfe hinzugezogen werden. Von insgesamt 40 Hunden unterschiedlicher Rassen gibt es die Wertung, daß nur zwei Hunde Naturtalente in diesem Punkt waren, also könnte man annehmen, daß nur 5 % der Hunde Stubenreinheit problemlos lernen.

Merksatz 6: *Bisher sind noch alle Hunde stubenrein geworden!*

Überprüfen Sie immer zuerst Ihre Fürsorge- und Haltungsbedingungen. Gewöhnung, Lob, Streicheleinheiten und Leckerbissen werden bei einem gesunden Hund immer die Ausscheidungsgewohnheiten fördern. Tauschen Sie Erfahrungen mit anderen Hundebesitzern aus oder wenden Sie sich notfalls an einen Tierarzt.

Gehorsam

Das Herankommen ist eine der wichtigsten Übungen für Hunde jeden Alters. Es ist vom Welpenalter an bis an das Lebensende zu üben. Es ist von großer Sicherheitsbedeutung, denn nur ein unbedingtes und sofortiges Herankommen auf Sicht- oder Hörzeichen bewahrt den Hund und seinen Halter vor Gefahren, oft auch großen Kosten. Für die Besitzer älterer Hunde, die das sofortige Herankommen noch immer nicht beherrschen oder nie erlernt haben, hilft nach unseren Erfahrungen folgendes Verfahren dauerhaft und zuverlässig. Hierbei machen wir uns zunutze, daß im Welpenalter bereits Muster im Verhalten verankert sind, die den Kontakt zum Rudel und auch das Nachfolgen bei Verlust des Blickkontaktes sichern. Dies ist für den Hundeahn Wolf und seine Welpen ein Grundprinzip des Überlebens. Meistens klappt das mit dem Herankommen spontan auf Zuruf im Haus und Garten, aber in der Öffentlichkeit nicht.

Oft erleben wir folgende Situation. Ihr Hund entdeckt beim Spaziergang einen Artgenossen, und er stürmt begeistert los, dann brüllen wir seinen Namen hinterher. Die interessanten Erwartungen lassen aber alles andere aus dem Bewußtsein des Hundes schwinden. Oder er erinnert sich sogar, daß er das letzte Mal, als er noch einmal in Reichweite kam, gleich Vorwürfe erhielt und festgebunden wurde. Also beschließt der davonstürmende Kumpel, daß er Ihren verzweifelten Ruf als Anfeuerung versteht und um so schneller rennt. Ist er beim Objekt des Interesses angekommen und kommt auf ein Signal noch immer nicht, ist Ihr Hund schon sehr klug. Er erinnert sich nämlich an verschiedene mögliche Folgen. Entweder Sie laufen ihm nach, was ihn beruhigt, denn so verliert er Sie nicht, oder Sie warten geduldig auf ihn, auch das beruhigt den Hund, so widmet er sich seinen Zielen in aller

Ruhe. Wenn Sie weiter rufen, beruhigt ihn das auch, dann braucht er nämlich noch nicht einmal nach Ihnen zu sehen, denn er hört ganz gut, daß Sie noch immer gleich weit weg sind, ganz gewiß erinnert er sich aber daran, wie Sie reagieren. Eventuell schreien sie, was seinem empfindlichen Gehör unangenehm ist, oder Sie strafen ihn – in seinen Augen dafür, daß er zurückgekommen ist. Ein kluger Hund hält sich dann bewußt fern. Es ist nun Zeit, daß Sie beide das Herankommen von Grund auf neu lernen.

Suchen Sie sich ein Ihnen beiden unbekanntes Gelände, ohne Wildspuren und fern von Straßen. Stecken Sie viele kleine Belohnungen und Spielsachen ein, die Ihr Hund bis jetzt noch nicht kennt. Sie brauchen außerdem einen Signalgeber, eine neue Hundepfeife oder einen „Knackfrosch“. Aber auch Ihre Stimme reicht vorerst. Nehmen Sie Ihren Hund von der Leine, und laufen Sie ohne ein Wort zügig voran. Beachten Sie Ihren Hund nicht, laufen Sie kreuz und quer, mit wechselndem Tempo, tun Sie etwas, was den Hund interessiert, stöbern Sie ein bißchen in einem Strauch oder graben Sie ein bißchen mit einem Stöckchen im Boden. Kontrollieren Sie aber aus den Augenwinkeln, was Ihr Hund macht. Wenn er sich weiter als zwei Meter von Ihnen entfernt oder zurückbleibt, dann ist es Zeit, entschlossen davonzustürmen, nachdem Sie einmal halblaut seinen Namen gesagt haben. Und so schnell wie möglich danach das künftige Signal fürs Heranrufen gegeben haben, Pfeifen, Knacken, was auch immer. Weiterlaufen, auch wenn Ihr Hund verdutzt stehenbleibt! Nicht noch mal rufen oder pfeifen! Erst wenn Ihr Hund bei Ihnen angekommen ist, sagen Sie mit heller Stimme kurz „Brav!“ und stecken ihm einen der neuen Leckerbissen zu. Dann müssen Sie wieder weiterlaufen! Nach diesem Muster sind jetzt in den nächsten Tagen Ihre Spaziergänge so spannend, daß Ihr Hund Ihnen schon allein aus Neugier dicht auf den Fersen bleibt, ihm keine Zeit bleibt, sich um etwas anderes zu kümmern. Spielen Sie unvermittelt mit ihm Bällchen oder Verstecken, untersuchen Sie gemeinsam mit ihm ein Erdloch oder eine hohle Baumwurzel. Gelegentliches Lob und eine Belohnung erhält die Spannung. Erst wenn er auf diesen abwechslungsreichen Spaziergängen absolut sicher auf Zuruf oder Signal herankommt, um gelobt zu werden oder was Angenehmes zu erleben wie ein neues Spiel, ein neues Spielzeug oder auch nur ein Streicheln, verlegen Sie Ihre Übungen langsam wieder in belebtere Gegenden. Wenn dort das spontane Herankommen nachläßt, sofort wieder neu im unbekannten Terrain einüben! Wenn seine Aufmerksamkeit nachzulassen droht, gleich das Signal für das Herankommen geben, bevor der Hund neue Ziele hat. Wenn das nicht klappt, entweder hingehen und ihn wortlos anleinen und flott weitergehen. Später wieder loslassen, sofort heranrufen und loben. Oder beim ersten Blickkontakt heranrufen und entschlossen in die ihm entgegengesetzte Richtung losgehen.

Das vermittelte Grundmuster wird Ihnen helfen, auch in scheinbar hoffnungslosen Fällen, sofortiges Herankommen anzutrainieren. Nur, natürliche Instinkte wie der Geschlechtstrieb oder eine Wildspur, sind oft stärker als dieses gelernte Muster. In solchen Fällen sollten Sie auch wortlos und beherrscht hingehen, anleinen, in entgegengesetzter Richtung losmarschieren und loben. Vermeiden Sie folgende Fehler, weil Sie beim Hund falsche Signale setzen und somit das beiderseitige Vertrauensverhältnis dauerhaft beschädigen:

- Nicht sofort anleinen, wenn der Hund endlich bei Ihnen ankommt!
- Nie schimpfen, schon gar nicht strafen – der Hund erinnert sich höchstens an das, was er vor zwei Sekunden getan hat, weiter reicht sein Gedächtnis nicht. Er muß Herankommen und Strafe erst verknüpfen!
- Rufen Sie immer nur einmal, für Pfeifen gilt dasselbe!

Rufen Sie Ihren Hund nicht, wenn er gerade voll auf etwas anderes konzentriert ist! Warten Sie nicht, überwinden Sie sich und gehen Sie weiter! Wenn er dann nachgerannt ist, loben, belohnen, so daß er verknüpft: „Wenn ich herankomme, ereignet sich immer etwas Erfreuliches“. Manche Hunde sind verrückt auf Bällchen, setzen Sie die aber sparsam und faktisch als Belohnung ein. Machen Sie dem Hund das Nahe-bei-Ihnen-Sein interessant, indem Sie ihm Neues, Unbekanntes, Geheimnisvolles zeigen.

Loben Sie ihn, wenn er stets dicht bei Ihnen bleibt. Lob ist immer erzieherischer als Tadel.

Planmäßige Erziehung

Wir wollen in diesem Buch ganz bewußt nicht einen Ausbildungsplan für Welpen darstellen. Nutzen Sie die in diesem Buch ausgewiesene Literatur, die auch rassespezifische Aussagen vermittelt. Besonders die Ausführungen von Heinz Gail werden empfohlen. Dieses Buch ist auch ganz spezifisch dem Hütehund gewidmet.

Die planmäßige Erziehung ist unerläßlich und hat zwei Ziele:

- Ihr Hund ist manierlich und an häusliche Verhältnisse angepaßt und bereitet Ihnen, der Familie und dritten Personen viel Freude, zugleich ist dieses Ziel auch Garant dafür, daß Mensch und Hund in Frieden miteinander leben;

- eine beständige, enge Beziehung zu Ihrem Hund, die Sie nur durch regelmäßige und ausschließliche Beschäftigung erreichen.

Ein Mindestanspruch ist das zuverlässige, sofortige Herankommen auf Zuruf, das Sitzen auf Kommando und die manierliche Leinenführigkeit. Diese Dinge sind nicht wegen ihrer eindrucksvollen Ausübung wünschenswert, sondern auch wegen der Sicherheit Ihres Hundes. Diese Verhaltensziele sind von Anfang an einzuüben. Strafen wirken nur bei einer richtigen Verknüpfung, wenn dem unerwünschten Verhalten die Strafe folgt. Bei Hunden haben wir noch nirgends einen Erfolg nach Strafen gesehen. Man erreicht mit Lob, wenn sich der Hund wie erwünscht verhält, oder mit Ablenkung mehr. Denn es handelt sich vordringlich nicht um die Bewertung der hundlichen Handlungen, sondern um das Herbeiführen des erwünschten Verhaltens und der Verknüpfung der Anweisungen des Besitzers. Hierzu gehört, daß man Situationen manipulieren kann, um die erwünschte Reaktion herbeizuführen, die man dann wiederum loben kann. Das verstärkt solches Verhalten. Ein Beispiel ist das Heranrufen. Es ist strategisch unklug, den jungen Hund dann freizulassen, wenn er voller Energie steckt. Also ist erst mal ein ausgleichender Spaziergang vorzunehmen. Dann kann er einmal von der Leine.

Herankommen auf Zuruf. Wenn andere Hunde in Sichtweite sind, wird Ihr Hund davonstürzen. Rufen Sie den Hund nicht gerade dann herbei, wenn er voller Begeisterung auf einen anderen Hundekumpel zuläuft, sondern eher dann, wenn er sich ohnehin gerade dazu entschloß, zurückzukommen. Wenn man nicht will, daß er mit dem Hundekumpel ganz unbekümmert den Schauplatz der Begegnung verläßt, geht man besser wortlos (!) hin, leint ihn an und nimmt ihn mit. Das schult auch die Selbstdisziplin des Besitzers ungemein. Darf der Hund schon frei laufen und zeigt sich die Tendenz des Wiederentfernens, rufen Sie ihn nicht! Häufiges Rufen macht einen ungehorsamen und fast schon „hochnäsigen Hund“ aus Ihrem Hütehund. Drehen Sie sich vielmehr um, gehen Sie zurück oder hocken Sie sich plötzlich hin. Das sieht für den Hund so aus, als seien Sie plötzlich weit weg. Einer der Autoren hat es sich auch bei seinen erwachsenen Hunden fast zur Gewohnheit gemacht, einen Seitenweg zu gehen, wenn seine Hunde zu weit vorauslaufen. So bleibt der Hund aufmerksam! Vergleichen Sie auch den Abschnitt zum Gehorsam.

Sitzen. Das Sitzen wird am besten geübt, wenn (nach Hundeempfinden!) die Fütterungszeit herannaht. In der Annahme, daß Sie etwas größer sind als Ihr Hund, empfehlen wir Ihnen, lediglich die volle Schüssel vor seiner Nase steil nach oben zu führen. Er wird sie im Auge behalten und sich in die natürliche Erwartungshaltung begeben und setzen. Dabei haben Sie bewußt deutlich „Sitz!" gesagt. Sie loben den Hund und geben ihm dafür noch Futter. Das ist sogar ein nahrhafter Lernschritt! Das Beherrschen dieses Kommandos kann auch im Auto höchst wirkungsvoll trainiert werden: Steht der Hund immer, statt sich zu setzen, sagen Sie doch einmal „Sitz!", wenn er nicht reagiert, bremsen Sie deutlich, dann lernt er diese Übung viel schneller.

Leinenführigkeit. Diese Übung zur Sicherheit des Hundes übt man, wenn der Hund ohnehin schon etwas müde ist. Zuerst gehen Sie eine gerade Strecke, mit Locken und Loben, wenn er mitkommt. Wenn das einigermaßen sitzt und er zieht von einem weg, übt man dasselbe entlang einem Zaun oder einer Wand. Hierfür sind Einfamilienhausgebiete perfekt – hinter vielen Zäunen gibt es fremde Hunde. Wenn es dann da einigermaßen vorangeht, dann üben Sie zuerst auf freier Strecke die Kurve nach links. Da der Hund traditionell links vom Herrn geht (kommt aus der Diensthundetradition – „damit der Dienstmann mit der rechten Hand die Waffe führen kann") geben Sie ein kleines Hörzeichen und wenden sich sofort rechtwinklig nach links. Da wird der Hund dann schon aufpassen müssen, daß er nicht getreten wird – diese Kehre lernt er schnell. Bei der rechten Kehre geht es wieder nur (am Anfang mit Hörzeichen) mit Locken und Loben.

Loben Sie stets überschwenglich in hoher Stimmlage. Warnen Sie in tiefer Stimmlage. Dies ist den Hunden abgeschaut, denn Hündinnen loben ihre Welpen mit Winseln und hohen Fieptönen. Eine Warnung erklingt mit Knurren in tiefem Ton. Hunde verstehen diese unterschiedliche Stimmlage ohne besondere Erklärung. Übertragen Sie die Grundkommandos „Komm", „Sitz", „Bleib" und „Platz" auch auf andere Situationen.

In den ausgewiesenen kynologischen Fachbüchern finden Sie viele Methoden zur zielgerichteten Ausbildung, auch unter rassespezifischen Gesichtspunkten.

Das Alleinbleiben

Zu den häufigsten angstauslösenden Situationen gehört das Alleinsein des Hundes. Bei den Autoren bleiben die Hunde schon mal drei Stunden allein zu Hause. Aber es hat sich nun nach fast 30 Jahren Hundehaltung so ergeben, daß da nicht viel passiert ist, selbst wenn ein heranwachsender Hund die Älteren zum Unsinn anstiftet. Und wenn die Hunde heulen, stört es nicht, weil im Umkreis kein Nachbar wohnt. Aber nicht jeder hat diese Bedingungen. Hierzu vermitteln wir einen Tip aus einer Vereinszeitschrift. Am einfachsten und natürlichsten lernt der Hund das Warten im Welpenalter. Je früher ein Hund an das Alleinbleiben gewöhnt wird, desto geduldiger erträgt er später Ihre Abwesenheit. Verlassen Sie ihn also von Anfang an jeden Tag für mehrere Minuten, ähnlich macht das auch die Hundemutter. Bringen Sie ihm bei Ihrer Rückkehr jedesmal einen Leckerbissen mit, den er bekommt, wenn er sich Ihren Wünschen entsprechend verhalten hat. Dadurch bleibt seine Welt in Ordnung; denn Sie entfernen sich nur, um ihn mit Nahrung zu versorgen.

Das Alleinbleiben fällt leichter, wenn der Hund einen festen Warteplatz hat, z. B. Klappkäfig, Körbchen, Decke, Höhle oder Hundehütte. Die Höhle, in der er Ihre Heimkehr erwartet, ist für den Hund verbindlich. Vor allem aber hat er keinen Grund, darin zu bellen oder zu winseln, denn in freier Natur sind Hunde in ihrer Höhle still, um nicht die Aufmerksamkeit von Feinden auf sich zu lenken. Warten fällt auch leichter, wenn er sich vorher austoben konnte. Machen Sie es sich zur Regel, vor Ihrem Weggang immer wenigstens eine kleine Runde mit ihm spazierenzugehen oder zu spielen.

In Gesellschaft wartet es sich leichter. Ein zweiter Hund, eine Katze, ein Kaninchen – jeder, der das Leid Ihres Hundes teilt, wird ihm willkommen sein. So eine Wartegemeinschaft hat allerdings auch ihre Schattenseiten. Wenn Sie zu oft oder zu lange außer Haus sind, könnte das Minirudel Sie aus der Gemeinschaft verbannen und sich selbst genug werden. Jede Aufgabe, die ein Hund begriffen hat und lösen kann, erfüllt er mit Stolz, vor allem, wenn Sie mit Ihrem Lob nicht geizen. Lassen Sie ihn z. B. während Ihrer Abwesenheit eine Puppe bewachen oder Ihren Mantel, natürlich an seinem Warteplatz. Loben Sie ihn jedesmal, wenn er sich von dem ihm anvertrauten Ding nicht entfernt hat. Wählen Sie aber nicht die Wohnung, das Haus und den Garten als Bewachungsobjekt. Die Folge wäre sonst, daß der Hund bei jeder kleinen Störung von außen anschlägt. Ein typischer Wachhund wird anders reagieren. Ein Collie oder Sheltie legt sich auf den Mantel, die Puppe unters Kinn, damit es bequem ist und wartet.

Vergessen Sie bei Ihrer Heimkehr nie Aufmerksamkeit und Zuwendung gegenüber dem Hund! Gehen Sie niemals zuerst in die Küche oder ans Telefon. Einmal vier Stunden Einsamkeit sind besser als viermal eine Stunde. Glauben Sie nicht, daß es Ihren Hund tröstet, wenn er Sie gehetzt kurz einmal hereinflitzen sieht. Im Gegenteil, wenn Sie wieder da sind, will er Sie für sich beanspruchen, erneutes Verlassen läßt auch den geduldigsten Hund in Depressionen verfallen. Gehen Sie ohne großen Abschied, ohne Trostworte, genauso als würden Sie sich nur eine Minute lang entfernen. Für den Hund muß die Situation normal sein. Unter keinen Umständen dürfen Sie auf ein Winseln oder Nachlaufen verständnisvoll reagieren, eher abweisend. Hören Sie kurz nach dem Verlassen Ihren Hund winseln oder bellen, gehen Sie sofort (!) zurück, reißen die Tür auf und zeigen deutlich Ihren Ärger. Bleiben Sie böse, schicken Sie den Hund auf seinen Warteplatz und entfernen Sie sich wieder – ohne ein gutes Wort.

Sehr temperamentvolle Hunde, die dazu neigen, das Mobiliar zu zerstückeln, sollten Kauspielzeug oder sonst einen neutralen Gegenstand zum Kaputtmachen erhalten, und zwar nur an ihrem Warteplatz, auch nur, wenn sie allein sind. Als Kauspielzeuge sind empfehlenswert: „Nylabone"-Kauknochen oder gekochte und gesäuberte Kuhhufe. Plüschtiere sind zum Zerfetzen nicht empfehlenswert, denn Hütehunde fressen diese Teile auch ohne weiteres noch auf. Selbstverständlich darf der ausgewählte Gegenstand zur Zerstörung nicht etwas sein, was sonst auch nicht zur Disposition steht. Sonst riskieren Sie, daß Ihr gelehriger Hund zum Beispiel alle Kissen schnappt.

Diesen Hund mit Zerstörungstrieb dürfen Sie beim Heimkommen und Entdecken der Bescherung keinesfalls ausschimpfen oder bestrafen. Einmal, weil er gar nicht mehr weiß, warum Sie böse sind und so Ihren Tadel mit Sicherheit mißversteht. Zum anderen, weil das Zerstören eine Art „Herbeirufen" bedeuten kann, da Sie sonst immer sofort zur Stelle waren, sobald er in Ihrer Abwesenheit etwas kaputt gemacht hatte. In diesem Fall würden Sie seine Theorie „Zerstören bedeutet, daß Herrchen sofort kommt" bestätigen. Hunde mit Zerstörungswut legen Sie am Warteplatz an die Leine. Entfernen Sie sich etwa 10 Minuten, dann loben Sie ausgiebig. Üben sie bis zu einer halben Stunde Wartezeit an der Leine, dann riskieren Sie es einmal ohne Leine. Kommen Sie dem Zeitsinn Ihres Hundes entgegen. Achten Sie darauf, daß Ihre Abwesenheitszeiten möglichst regelmäßig sind. Das erleichtert ihm sein Warten. Wer täglich acht Stunden außer Haus ist, braucht einen Hundesitter oder einen hilfsbereiten Nachbarn. Lange Wartezeiten grenzen an Tierquälerei. Menschen, die ihrem Hund solche Bedingungen bieten, bekommen von den Autoren keinen Hund.

Wenn Familie und Hund gemeinsam älter werden

Collies wachsen schnell heran, sind aber mit Erreichen der Geschlechtsreife, mit etwa 7 Monaten, in der Regel körperlich noch nicht voll entwickelt. Verglichen mit dem Lebensalter eines Menschen, entspricht dies dem Lebensalter eines siebzehnjährigen Jungen, eben hoch aufgeschossen, schon von der vermutlichen Endgröße, aber nicht ausgereift. Auch im Alter von 2 bis 3 Jahren bleibt diese Körpergröße, zwar ausgefüllter im Rumpf, ohne jedoch dick zu sein. So scheinen Hütehunde viele Jahre kaum merklich zu altern. Shelties hingegen sind wie alle kleineren Rassen körperlich früher ausgereift. Sie wachsen in der Regel nach der Geschlechtsreife nicht mehr erheblich, brauchen aber noch Zeit zur mentalen Reife. Beide Rassen bleiben dann körperlich lange unverändert, je nach Veranlagung, auch hinsichtlich des Grauwerdens ihres Haarkleides. Oft ist bis zum 6. Lebensjahr kein Alterszeichen zu sehen, obwohl der Hund schon die Mitte seines statistisch zu erwartenden Lebensalters erreicht hat. Collies zeigen meist erst spät, daß sie älter werden. Meist zeigen sich die ersten grauen Haare zuerst dort, wo der Hütehund am dunkelsten gefärbt ist, am Kopf und am Fang. Da kann ein anderer Hütehund aber noch leicht ein Drittel seiner Lebenserwartung vor sich haben!

Collies und Shelties werden, wenn sie gesund sind, in der Regel zwischen 11 und 14 Jahre alt, die kleineren Shelties werden oft noch viel älter. Damit sind sie an den oberen Grenzen der Lebenserwartung für Hunde dieser Größe. Generell werden kleine Hunde deutlich älter als große Rassen. Es scheint so, als ob Rüden ein wenig älter werden als Hündinnen, insbesondere dann, wenn diese in ihrem Leben die Belastung von Würfen und Aufzucht hatten. Die Rüden hingegen haben nur die Belastung der Arterhaltung durch Sicherung der Würfe, sie leben daher länger und werden oft bis 17 Jahre alt. Die Lebenserwartung wird durch ausreichende Forderungen im Tagesablauf und durch eine gute Verpflegung sowie Unterbringung optimiert und geregelt. Überhaupt scheint es nach einiger Betrachtung so zu sein, daß eine gewisse Gleichmäßigkeit in den Umfeldbedingungen der Langlebigkeit dient. Langlebigkeit ist aber auch eindeutig genetisch bedingt, ein Grund mehr, daß ältere Zuchttiere, bei Hunden nun einmal die Rüden, die schon ein erhebliches Alter erreicht haben, nicht in ihrer Zuchtverwendung benachteiligt, sondern eher gefördert werden sollten. Langlebige Hunde kommen nun einmal meist aus Familien mit langlebigen Ahnen.

Ältere Hunde sind wunderbar an ihre Umgebung angepaßt, weil sie viele Erfahrungen und Gelerntes besitzen. Sie betragen sich in der Regel gesittet und reagieren angemessen ohne Aktionismus. Mit Vorliebe gehen sie spazieren, und das nach wie vor lange und ausdauernd. Sie genießen das Leben bedächtig und un-

12jährige Senioren bei den „O'the Highlands": Collierüde „Ingram" und Sheltiehündin „Blue Quiddity vom Ebbehang"

auffällig. Diese Grundstimmung wird nur geändert, wenn im Tagesablauf Fressen oder Spazierengehen angesagt sind. Dann wird selbst der alte Collie oder Sheltie wieder jung und hüpft, soweit körperlich noch möglich, ausgelassen umher.

Eine leichtere, aber abwechslungsreiche Ernährung ist für den älteren Hund sehr wichtig. Sie müssen schlank gehalten werden. Es ist auch eine Art von Tierquälerei, wenn man einen Hund erheblich zu dick werden läßt, es verkürzt sein Leben. Die regelmäßige Bewegung an frischer Luft erlaubt dem Hund, sein ansprechendes Exterieur in Form zu halten. Schließlich erhält er die Möglichkeit, seine Sinneswahrnehmungen immer wieder neu zu testen. Die Geruchswelt außerhalb des häuslichen Bereiches ist für jeden Hund immer wieder eine Reise voller Eindrücke.

Schließlich muß noch klar und deutlich darüber gesprochen werden, daß die Pflichten des Menschen gegenüber seinem Hund erst nach dessen letztem Atemzug erloschen sind. Wenn der Hund alt wird, ergeben sich oft körperliche Leiden. Das Nachlassen der Sinnesleistungen, wie Hören und Sehen, verringert ebenfalls sein Wohlbefinden. Es ist eine letzte und vornehme Pflicht des Hundebesitzers, darüber zu wachen, daß sich sein Hund in einer solchen Situation dennoch wohl fühlt. Verfolgen Sie das Befinden Ihres alternden Hundes genau! Es ist ein Alarmzeichen, wenn der Hund allmählich bei gleicher Fütterungsmenge und gleicher körperlicher Beanspruchung ständig schlanker, sogar magerer wird. Schmerzen zeigen Hunde nicht an, sie halten oft Dauerschmerz verblüffend lange aus. Verfolgen Sie auch, ob ihm das Aufstehen und Gehen nicht mehr Mühe macht als das Liegen. Kontrollieren Sie, ob die Fütterung angemessen ist und Kot- und Harnabsatz regelmäßig erfolgen. Konsultieren Sie im Zweifel Ihren Tierarzt, wechseln Sie gegebenenfalls das Futter, von dem es heute schon viele Varianten für ältere Hunde gibt.

Wenn der alte Hund mehr Leiden als Lust am Leben hat und auch Schmerzen, die ihm die Tiermedizin nicht mehr ersparen kann, ist es Pflicht des Besitzers zu entscheiden, wann dem Hund das Leiden erspart wird. Die Veterinärmedizin macht es heute möglich, daß ein alter Hund in gewohnter Umgebung und in Gegenwart seiner geliebten Menschen ohne Belastung einschläft, um nicht mehr aufzuwachen. Sie sind es ihm schuldig am Ort zu bleiben, so nah wie möglich. Schämen Sie sich nicht Ihrer Tränen. Ihr Hund hat diesen Abschied verdient. Wenn die größte Trauer vorbei ist, ehren Sie ihn am besten, indem Sie wieder einen Hütehund zu Ihrem Begleiter machen.

Pflege des Haarkleides

Mit einem Sheltie oder (Langhaar-) Collie erwerben Sie einen langhaarigen Hund. Sie müssen sich im klaren sein, daß sein elegantes und streichelfreundliches Haar lebenslang gepflegt werden muß.

Wie bürstet man langhaarige Hunde?

Alle sinnvollen Geräte finden Sie auf Seite 106 abgebildet.

Zunächst wird das Fell gegen den Strich gebürstet, also gegen die Wuchs- und Fallrichtung schichtweise hoch, dann fixiert man es mit der freien Hand und bürstet dann abschnittsweise wieder herunter. Zum Beispiel die Hinterhand: Am Beckenknochen beginnend wird das Haar von unten nach oben gebürstet; während die freie Hand den gerade hochgebürsteten Abschnitt in dieser Position festhält, nimmt man mit der Bürste die nächsten 3 bis 5 cm in Richtung Standfläche auf und streicht sie ebenfalls hoch. Hat man diese Prozedur nun einige Male wiederholt, ist man am Sprunggelenk des Hundes angelangt. Jetzt wird mit kräftigen Bürstenstrichen das Fell abschnittsweise wieder nach unten ausgebürstet, bis man wieder am Becken angelangt ist. Kleinere Verfilzungen lassen sich einfach mit der Hand auszupfen oder mit einem sehr grobzahnigen Kamm auskämmen, vor allem hinter den Ohren. Nach diesem Grundmuster werden alle lang behaarten Körperpartien des ganzen Hundes gebürstet.

Es gibt viele Ausführungen zum üppigen Haarkleid der Collies und Shelties. Am besten jedoch fragt man dazu einen erfahrenen Kenner und Züchter der Rasse. Dietmar Schäffer war Züchter der bekannten Collies und Bergers de Beauce „vom Sillufer“ im österreichischen Tirol. Seine Ausführungen zum Haarkleid, dessen Pflege und Vorbereitung sind nicht besser zu formulieren. Die Autoren danken Dietmar Schäffer, für die Bereitstellung von Text und Abbildungen von Collies seiner Zucht in diesem Buch.

Eine haarige Angelegenheit

Die äußeren Umrisse eines Collies werden zu etwa 90 % durch sein Haarkleid bestimmt. Sein erstes optisches Erscheinungsbild wird also überwiegend von Haaren erzeugt. Niemanden wird es daher wundern, wenn die gerade von jüngeren Aus-

Bürsten in Schichten: eine Hand hält, die andere bürstet

stellern oft vertretene Meinung – viel Haare und schönes Haarkleid sind alles – genügend Anhänger findet. Eine Vielzahl der RichterInnen werden gerade in diesem Punkt weit unterschätzt. Für die meisten von ihnen ist das Haarkleid nur ein Teil des Collies – und oftmals gar kein wesentlicher! Fällt dann immer wieder eine Entscheidung gegen die „Haartheorie", wird diese Entscheidung sehr oft nicht verstanden – oder will nicht verstanden werden. Wie schon gesagt, der erste Eindruck wird vom Haarkleid – insbesondere vom korrigierten Haarkleid – bestimmt. Für jeden Aussteller also Grund genug, der Behaarung große Aufmerksamkeit zu schenken. Wir wollen uns hier nicht mit dem Aufbau und den unterschiedlichen Formen der Haare beschäftigen, sondern mit Haaren in Zusammenhang mit den Ausstellungen.

Die Kriterien zur Beurteilung sind daher:

- Haarfülle und -länge,
- Haarstruktur,
- Erhaltung,
- Optimierung,
- Formbarkeit (Bearbeitung).

Wir werden uns zuerst mit der Frage beschäftigen, von welchen Faktoren die Haarkleidentwicklung abhängig ist. Ausgenommen davon sind natürlich die Haarwechselperioden, auf die wir noch gesondert zurückkommen.

Die Haarentwicklung ist abhängig von:

- der genetischen Veranlagung,
- der Gesundheit und
- den Umwelt- und Haltungsbedingungen.

Genetische Veranlagung

Die genetische Veranlagung des erworbenen Hundes kann nicht mehr beeinflußt werden. Aber die genetische Veranlagung arbeitet nicht genau nach Millimeter! Im genetischen Programm eines Collies ist die Möglichkeit – von/bis, weniger/mehr – eingebaut. Es ist also nicht so, daß Haarlänge, Haarfülle, Haarstruktur und Haardichte ganz präzise im Erbprogramm festgelegt sind. Dies wäre ein höchst sinnloses Unterfangen der Natur, denn jedes Lebewesen benötigt innerhalb genetisch vorgegebener Grenzen einen gewissen Spielraum, um sich allen möglichen Gegebenheiten seiner Umwelt anpassen zu können!

Dazu sei ein Beispiel angeführt, bezogen auf die Haarlänge. Collie A hat eine Veranlagung für die Haarlänge von 12 bis 18 cm. Innerhalb dieser vorgegebenen Spanne wird sich die Beurteilung bewegen. Jeder passionierte Aussteller und Richter wird daher diese Toleranzräume optimal einschätzen. Ein sinnloses Unterfangen wäre es aber, dem Collie B, der eine genetische Obergrenze von 12 cm hat, jetzt eine Haarlänge von 20 cm „verpassen" zu wollen.

Natürlich gibt es Präparate (auf hormoneller Basis), die den Käufern unter anderem auch Haarwuchs „vorgaukeln" können. Wer sich aber auf diese Schiene begibt, ist grundsätzlich schon ein Verlierer. Nicht nur daß es mit seiner Tierliebe nicht weit her sein kann, berücksichtigt er auch nicht, daß es auch zu fatalen Nebenwirkungen gesundheitlicher Art kommen kann. Verhaltensänderungen, Unfruchtbarkeit, schwere Organdisharmonien mit nachfolgenden hohen Tierarztkosten sind sichere Folgen. Wer solche Mittel einzusetzen versucht, zieht den Teufel beim Schwanz. Die Kosten-Nutzen-Rechnung wird im Endeffekt, rechnerisch und gesundheitlich, nie aufgehen.

Gesundheit und Fellqualität

Die Gesundheit des Hundes ist eine Grundbedingung für die Qualität des Haarkleides. Hier kommt es vor allem auf die organische Funktionstüchtigkeit an. Das harmonische Zusammenspiel der lebenswichtigen Organe und der gesamte Verdauungstrakt beeinflussen das Haarkleid in Entwicklung und Erhaltung wesentlich. Sobald sich eine organische Störung einstellt, wird das Haar stumpf, brüchig und matt. Oft wird das gesamte Haarkleid nicht optimal ausgebildet. Möglichkeiten, die Gesundheit generell zu beeinflussen, haben wir nicht. Lediglich durch gute Haltungs- und Ernährungsbedingungen können wir diese vorsorglich fördern.

Haltung und Umwelt

Haltung und Umwelt sind für die Hundehaltung die beiden wichtigsten Elemente zur Gesunderhaltung. Beides können wir bis zu einem gewissen Grad gut steuern, optimieren und günstig miteinander verbinden. Wie schon erwähnt, lebt unser Hund optimal im Familienverband. Eine gemütliche Wohnung, zugfrei und warm (möglichst mit Bodenheizung) bietet dem Hund beste Lebensbedingungen. Es ist geradezu paradox, wenn man bei Ausstellungen das Haar mit Wasser zum Quellen bringen will – und auf der anderen Seite jedem Regen ausweicht. Alle Wetterbedingungen sind also ideale Voraussetzungen. Gehen Sie bei feuchtem, kühlem und schlechtem Wetter mit ihrem Hund ausgiebig spazieren – und sie können schneller als sie glauben einen wirklichen Zuwachs am Haarkleid feststellen. Es wird sich zu im Freien gehaltenen Hunden nicht unterscheiden. Eine gute Veranlagung hinsichtlich des Haarkleides wird nur in Verbindung mit Aufbau und Training des Hundes zum Ausdruck kommen. Wer daher bei Ausstellungen Erfolg haben will, muß mit seinem Hund diese Vorbedingungen erfüllen.

Obwohl die Fütterung die Qualität des Haarkleides erheblich beeinfußt, gehen wir hier nicht darauf ein. Das Ernährungsangebot ist heute so ausgewogen, daß Hinweise zu besonderen Futtergaben fast bedeutungslos geworden sind. Großen Einfluß auf das Haarkleid hat die Fellpflege. Hier gibt es nur einen wirklichen Grundsatz: so wenig bürsten oder baden wie möglich! Das Haarkleid wird fast täglich auf allerlei Kleinigkeiten, wie Verfilzungen und allgemeiner Zustand, kontrolliert – aber nur dann wirklich gebürstet, wenn es notwendig ist. Wenn nicht gerade Ausstellungssaison ist, werden die Hunde etwa einmal monatlich grundgebürstet. Laufend gebürstete Collies erkennt man an der fehlenden Unterwolle. Gerade die Unterwolle übt aber eine stark stützende Wirkung auf das Deckhaar aus und bewirkt dadurch Haarfülle! Collies mit guter Unterwolle wirken selbst bei kürzerem Deckhaar noch voll im Haarkleid.

Das Märchen von der gut durchlüfteten Haut, dem abgestorbenen Haar und der massierenden Wirkung des Bürstens kann man, Fellwechselzeiten ausgenommen, schnell vergessen. Auf ein entferntes abgestorbenes Haar kommen sicherlich fünfzig ausgerissene!

Absolut unsinnig ist auch die Ansicht, daß ungebürstete Hunde schnell schmutzig werden, zu Geruch neigen oder glanzlos werden. Das genaue Gegenteil ist der Fall. Das gesunde Hundehaar ist extrem schmutzabweisend, geruchsarm und behält auch den Glanz. Am besten, man beläßt eine gesunde, ungestörte Haarklimatik. Baden mit Zusätzen bedeutet den absoluten Tod jedes Haarhaushaltes und sollte nur auf Notfälle eingeschränkt werden! Nicht einmal vor Ausstellungen sollten Hunde gebadet werden. Nachdem wir nun am meisten getan haben, indem wir vieles unterlassen, das Thema Fellwechsel. Beim Abhaaren haben wir gute Erfahrungen mit einem selbst produzierten Gelee aus Leinsamen (eine Kaffeeschale Leinsamen auf ein Liter Wasser aufkochen und gelieren lassen) gemacht. Dies unter das Futter gemischt, hat die Abhaarzeit deutlich verkürzt! Während der Aufhaarzeit nutzt man auch schlechte Wetterbedingungen für ausgedehnte Spaziergänge. In dieser Zeit bleibt es jedem selbst überlassen, ob er zur Unterstützung des erhöhten Nährstoffbedarfes, Zusatzstoffe in Form verschiedener Mineralstoffe zu einer hochwertigen Nahrung hinzugibt.

Artgerechte Bewegung

Wenn den Autoren jemand sagt, sein Hund habe genügend Bewegung, denn er habe einen großen Garten, so ruft das sofort Stirnrunzeln hervor. Diese Aussage zeigt völlige Unwissenheit hinsichtlich hundlicher Bedürfnisse und artgerechter Haltung. Nur ein Garten von einer Weite von 3 km aufwärts bietet genügend Lebensraum, um dem geruchsorientierten Hund genügend Abwechselung zu bieten. Wenn dies nicht der Fall ist, fehlt den Hunden der Geruchsanreiz, in den Garten zu gehen, selbst wenn Katze und Igel den Garten streifen. Generell sind für alle Hunde 2 Std. zügige Bewegung erforderlich. Das sollte möglichst nicht an der Leine, sondern freilaufend in oft wechselnder Umgebung stattfinden, so daß der Hund immer neue Geruchswelten erleben kann. Planen Sie Spaziergänge bei jedem Wetter.

Erkrankungen

Für Collies und Shelties ist die Erkrankung an Hüftgelenksdysplasie, im weiteren Text HD genannt, sehr schwerwiegend. Wenn HD in schwerer Form auftritt, ist sie schmerzhaft und nur bedingt durch richtige Haltung, Fütterung oder Operationen zu lindern. Hier sind die Züchter und die Zuchtvereine gefordert: Bei der heutigen Zahl von Collies und Shelties, die in den Zuchtvereinen geführt werden, dürfen nur noch Hunde mit gesunden Hüften zur Zucht zugelassen werden. Welpenkäufern wird geraten, sich den Befund der Eltern, Groß- und Urgroßeltern ihres künftigen Hundes vom Züchter nachweisen und erklären zu lassen.

Dasselbe gilt für Augenerkrankungen. Hier treten nicht nur die auch bei anderen Rassen gefundenen erblichen Augenerkrankungen auf, sondern dazu eine bei einem großen Prozentsatz aller Tiere auftretende, rassenbedingte Abweichung, die sogenannte CEA (Collie Eye Anomaly). Dies ist eine Veränderung im Augenhintergrund, die schon bei Welpen auftritt, aber auch wieder verschwinden kann. Auch ältere Hunde sind davon betroffen. Beeinträchtigungen des Sehvermögens treten nur bei schweren Ausprägungsformen auf. Diese Abweichung ist offenbar erblich, die Forschung arbeitet daran, dies aufzuklären und ein Zuchtprogramm zur Bekämpfung dieser Abweichung zu erstellen. Gegenwärtig bleibt den Züchtern nur der Ausweg, mit stark befallenen Tieren nicht zu züchten. Es ist daher ratsam, daß Welpenkäufer sich die Ergebnisse der Augenuntersuchungen der Elterntiere zeigen und erklären lassen. Bei verantwortungsvollen Züchtern sind nicht nur die Zuchthunde mehrfach untersucht, sondern auch alle Welpen vor Abgabe an den Welpenkäufer. Lassen Sie sich nicht vertrösten. Die Kopie des Untersuchungsbefunds gehört mit zu den bereits erwähnten Kaufunterlagen. Weitere Informationen zur Gesunderhaltung erhalten Sie in den Kapiteln „Gesundheit“ und „Ernährung“.

Ernährung

Der Hund braucht mehr als Fleisch

Leben ist Bewegung. Leben ist Wachstum. Leben ist Stoffwechsel. Damit Lebensvorgänge ablaufen können, muß sich das Lebewesen ernähren. Der Zweck der Ernährung ist es, dem Körper Nährstoffe zuzuführen. Diese dienen der Bewegung, indem sie Energie liefern, dienen dem Wachstum, indem sie die Baustoffe darstellen, dienen dem Stoffwechsel, indem sie verbrauchte Substanzen ersetzen. Nährstoffe befinden sich in der Nahrung. Tiere sind von organischen Stoffen abhängig. Diese gehen sämtlich auf Stoffwechselprodukte der Pflanzen zurück.

Der Hund als Nachfahre des Wolfes steht am Ende der Nahrungskette. Er verwertet nicht die Pflanze selbst, sondern pflanzenfressende Tiere. Die wildlebenden Ahnen unseres Hundes verzehrten ihre Beute meist vollständig. Daher geht der Begriff „Fleischfresser“ am Kern vorbei. Denn nicht nur Muskelfleisch, sondern ebenso die Knochen, Sehnen, das Fell und natürlich die Innereien samt dem pflanzlichen Inhalt wurden verschlungen. Treffender ist also die Bezeichnung „Beutetierfresser“.

- Der Hund steht am Ende der Nahrungskette.
- Der Hund benötigt neben Fleisch auch Fett, Mineralstoffe, Vitamine und pflanzliche Materialien.
- Der Hund ist ein Beutetierfresser.

Das Verdauungssystem spaltet die Nahrung auf

Dem Wolf wie auch seinem Nachfahren Hund sind eine Reihe spezialisierter Organe eigen, mit denen er seine Nahrung beschaffen, zerkleinern und verwerten kann. Die Zähne dienen dem Ergreifen und Zerteilen der Beute. Mit Hilfe des Speichels gleitfähiger gemacht, gelangt die Nahrung durch die sehr dehnbare Speiseröhre in den Magen. Hier erfolgt eine erste Aufspaltung der einzelnen Bestandteile. Dieser Vorgang wird im Dünndarm fortgesetzt. Unverzichtbare Hilfe leisten dabei Verdauungsenzyme, die in der Bauchspeicheldrüse und der Leber gebildet werden. Ihre Aufgabe ist die biochemische Zerkleinerung der Nährstoffe bis auf die Grundbausteine. Nur so zerlegt ist die Nahrung letztendlich verwertbar. Die Nährstoffe werden dann von der Darmschleimhaut aufgenommen und mit Hilfe des

Blutkreislaufs in jede noch so entlegene Zelle des Körpers transportiert. Dort erst erfüllen sie ihre eigentliche Funktion. Im Muskel beispielsweise wird die biochemische Energie bestimmter Nährstoffe in Bewegungsenergie umgewandelt, im Knochen dienen andere Nährstoffe als Bausteine den Wachstumsvorgängen. Unverwertbare Bestandteile der Nahrung gelangen in den Dickdarm und werden wieder ausgeschieden.

- Die Nahrung muß aufgespalten werden, um verwertbar zu sein.
- Die Aufspaltung erfolgt hauptsächlich im Dünndarm.
- Die Nährstoffe werden mit dem Blutkreislauf aus dem Darm in alle Körperzellen transportiert.

Hohe Energieausbeute nur bei hochverdaulicher Nahrung

Ob ein Hütehund läuft, springt, mit dem Schwanz wedelt oder vielleicht nur daliegt und Herrchen oder Frauchen beim Lesen zuschaut – jeder dieser Vorgänge braucht Energie, sie ist die treibende Kraft aller Lebensvorgänge. Unser Hund bezieht sie aus seinem Futter. In biochemischer Form gespeichert, gelangt Energie in den Körper und wird dort in die unterschiedlichsten Lebensäußerungen umgewandelt. Bei diesen Umwandlungsprozessen gibt es Verluste. Über Kot und Harn werden Stoffe ausgeschieden, die noch Energie speichern.

Auch Wärmeverluste schmälern die Energieausbeute für den Organismus. Dennoch hat das Energieumwandlungssystem „Hund“ einen höheren Wirkungsgrad als jedes vom Menschen ersonnene. Eines liegt jedoch auf der Hand: Je höher die Verdaulichkeit der Nahrung ist, desto geringer sind die Energieverluste für den Hund.

- Ohne Energie gibt es kein Leben.
- Die Energie ist in der Nahrung.
- Je höher die Nahrung verdaulich ist, desto besser wird sie verwertet.

Eiweiße sind Baustoff, Energieträger und Wirkstoff zugleich

Jeder Hund benötigt über fünfzig verschiedene Nährstoffe, und zwar Tag für Tag, ein Leben lang. Man kann diese der besseren Übersichtlichkeit halber in Hauptnährstoffgruppen zusammenfassen. Eine wesentliche dieser Gruppen wird von den Eiweißen oder Proteinen gebildet. Sie stellen wichtige Körperbausteine dar. Nur eine einzige Körpersubstanz überhaupt enthält keine Eiweiße als Baustein, und das ist der Zahnschmelz. Alle anderen Gewebe, ob nun Muskel, Nerven,

Haut oder innere Organe, bestehen in irgendeiner Form aus Eiweißen. Sogar der Knochen enthält nicht nur Mineralstoffe, sondern eben auch Gerüstproteine. Darüber hinaus werden wichtige Wirkstoffe wie Enzyme und Hormone durch Eiweiße aufgebaut. Außerdem sind Eiweiße eine Energiequelle für Hunde.

Die Energieausbeute beim Abbau der Eiweiße ist jedoch nicht besonders hoch. In dieser Hinsicht ist die Nutzung von Fetten effizienter. Fette sind die für den Hund günstigste Energiequelle. Die Ausbeute bei ihrem biochemischen Abbau ist um etwa ein Drittel höher als bei Eiweißen. Fette sind jedoch nicht nur Energielieferanten. Sie stellen auch wichtige Bausteine für Zellmembranen dar und sind unverzichtbarer Bestandteil von bestimmten Hormonen und Vitaminen.

Kohlenhydrate kommen in der Natur in großen Mengen in Pflanzen vor. Das Verdauungssystem des Hundes kann diese nur in erhitzter Form spalten. Dann stellen einige Kohlenhydrate jedoch gute Energielieferanten dar. Weiterhin dienen Kohlenhydrate als Ballaststoffe. In dieser Funktion regen sie die Darmbewegung an und sind so für die Passage der Nahrung durch den Darm unerläßlich.

Ebenso wichtige, jedoch grundsätzlich andere Aufgaben erfüllen die Mineralstoffe. Die bekanntesten unter ihnen, Kalzium und Phosphor, bilden die Hauptbestandteile der Knochen. Sie fungieren also als Baustoff. Andere Mineralstoffe werden im Stoffwechsel von Substanzen benötigt, welche Steuer- und Regelungsmechanismen bedienen. So gibt es eine Reihe von Enzymen und Hormonen, die ohne die Anwesenheit bestimmter Mineralstoffe wirkungslos blieben. Weiterhin laufen so wichtige Vorgänge wie Blutgerinnung, Muskelkontraktionen oder die Erregungsleitung in Nerven nur ab, wenn die dazugehörigen Mineralstoffe dem Körper über die Nahrung zugeführt werden. Die Gruppe der Mineralstoffe kann man noch einmal unterteilen in Mengenelemente (von diesen wird ein bedeutendes Quantum täglich benötigt) und Spurenelemente (hiervon reichen oft schon ganz geringe Mengen im Mikrogrammbereich aus).

Schließlich müssen noch die Vitamine in der Nahrung sein, von denen es fettlösliche und wasserlösliche gibt. Vitamine haben lebenswichtige Steuerfunktionen, dienen dem Sehvermögen, der Krankheitsabwehr oder dem Energiestoffwechsel.

- Eiweiße sind Baustoff, Energieträger und Wirkstoff zugleich.
- Fette sind die günstigste Energiequelle.
- Mineralstoffe bauen das Skelett auf und steuern lebenswichtige Vorgänge im Stoffwechsel.
- Vitamine regeln unverzichtbare Lebensprozesse.

Wachsende Hunde benötigen spezielle Nahrung

Die moderne Tiermedizin hat die Besonderheiten des Hundestoffwechsels genau untersucht. So besteht heute die Möglichkeit, nicht allein den Energiebedarf eines heranwachsenden Hundes genau anzugeben, sondern auch seinen Bedarf an Kohlenhydraten, Eiweißen und Fetten sowie Mineralstoffen und Vitaminen. Dies ist entscheidend, wenn man das Ziel hat, durch eine artgerechte Bilanzierung von Nahrungsbestandteilen eine gesunde Hundeentwicklung zu fördern.

Ein gutes Beispiel dafür ist der Bewegungsapparat. Mit Hilfe von Messungen der Wachstumsgeschwindigkeit der Knochen, Röntgenaufnahmen des Bewegungsapparates, Bestimmungen der Knochendichte, Vergleich von vielen hundert gesund aufgewachsenen Hunden und weiteren Untersuchungsverfahren ist der Bedarf an Kalzium und Phosphor genau festgestellt worden.

Aufgrund dieser Zahlen sind wissenschaftlich exakte Empfehlungen für die Versorgung mit diesen Mengenelementen möglich – und zwar jeden Monat im Leben eines wachsenden Hundes. Wegen des hohen Bedarfs der Welpen an knochenaufbauenden Mineralstoffen liegt der Kalzium- und Phosphorbedarf in den ersten beiden Lebensmonaten rund viermal höher als beim erwachsenen Hund. Mit zunehmender Mineralisierung der Knochen nimmt er im Laufe des Wachstums stetig ab.

Um ein gleichmäßiges Knochenwachstum und eine gesunde Skelettentwicklung zu erreichen, kann die Versorgung mit Kalzium und Phosphor eigentlich nur durch eine ausgewogene, altersangepaßte Vollnahrung problemlos gewährleistet werden.

Eine Selbstherstellung von Hundenahrung ist wegen der möglichen Unter- oder Überversorgung mit lebenswichtigen Nährstoffen insbesondere bei Welpen sehr kritisch. So ist in „Eigenmischungen“ das Kalzium-Phosphor-Verhältnis meist nicht korrekt ausbilanziert.

Die Wachstumsrate junger Hunde und die Unterschiede zwischen einzelnen Hunden werden übrigens nicht allein durch Erbanlagen bestimmt. Auch äußere Faktoren wie Ernährung, Klima oder Krankheiten sind wichtig. Eine optimale Gestaltung der äußeren Einflußfaktoren kann das Wachstum im positiven Sinne beeinflussen – also eine artgerechte, angemessene Ernährung, gute Haltungsbedingungen und eine vernünftige Krankheitsverhütung, zum Beispiel durch Impfungen. Da es bei jedem Hund Unterschiede der äußeren Bedingungen gibt, variiert die Gewichtsentwicklung von Individuum zu Individuum ein wenig. Das bedeutet, daß es immer Abweichungen des altersentsprechenden Körpergewichtes von den wissenschaftlich ermittelten Durchschnittswerten gibt. Diese Unterschiede sind aber nicht nur von wissenschaftlichem Wert. In der Praxis ergeben sich aus den natürlichen Differenzen bei der Wachstumsgeschwindigkeit Unterschiede beim Bedarf der wachsenden Hunde an Energie, Eiweißen und insbesondere auch Mineralstoffen. Dies muß bei der Ernährung von Welpen und Junghunden bedacht und einkalkuliert werden.

Das Verdauungssystem und der Stoffwechsel von Welpen weisen eine Reihe von Besonderheiten auf. Der Magen ist noch relativ klein, so daß nur eine begrenzte Menge Nahrung aufgenommen werden kann. Diese eingeschränkte Speicherfunktion des Magens macht eine häufige Nahrungsaufnahme notwendig.

Einige Körpergewebe beziehungsweise Organsysteme sind während der ersten Lebensmonate ganz besonders auf eine richtig zusammengesetzte Nahrung angewiesen, um sich so entwickeln zu können, wie es die Natur vorgesehen hat. Hierzu gehören Bewegungsapparat, Abwehrsystem, Fortpflanzungssystem, Haut und Fell sowie Lunge und Atemwege.

Anders als das Herz-Kreislauf-System des jungen Hundes, das sich schon im Mutterleib fast vollständig entwickelt hat, reift beispielsweise der Bewegungsapparat erst später aus. So sind nach der Geburt zwar sämtliche Knochen beim Welpen angelegt und vorhanden, bestehen aber überwiegend noch aus Knorpel, also einem Gewebetyp, der zwar sehr elastisch ist, jedoch nur eine geringe Festigkeit hat. Dieses bindegewebige Gerüst wandelt der Organismus nach und nach zum tragfähigen Knochen um, indem er Mineralstoffe – vor allem Kalzium und Phosphor – einlagert. So entwickelt der Junghund im Laufe vieler Monate die biologisch notwendige Festigkeit seiner Knochen. So lange bleibt den noch nicht voll mineralisierten Knochen die Möglichkeit, weiter zu wachsen. Erst gegen Ende der Wachstumsperiode des Hundes verschließen sich die Wachstumsfugen der Knochen, die bis dahin ein Längenwachstum ermöglicht haben. Im gesamten Zeitraum der Knochenbildung muß also die Zusammensetzung der Nahrung optimal auf die Bedürfnisse des Knochenwachstums eingestellt sein.

Junge Hunde haben keinen Schutzmechanismus vor überhöhter Kalziumzufuhr mit der Nahrung wie erwachsene Tiere. Unter dem Einfluß von Hormonen wird ein eventueller Kalziumüberschuß überwiegend in den Knochen eingelagert, was im Endeffekt zu einer gesteigerten und gleichzeitig gestörten Verknöcherung führt.

Die daraus resultierenden Skelettdeformierungen und Bewegungseinschränkungen sind im späteren Lebensalter nicht wiedergutzumachen.

Die Empfehlung, Junghunden eine Kalziumergänzung – selbst bei Verwendung einer vollständigen und richtig bilanzierten Vollnahrung – zukommen zu lassen, ist wissenschaftlich nicht haltbar. Wegen der möglichen Gefahren ist die Gabe von kalziumreichen Nahrungsadditiven deswegen zu vermeiden.

- Wachsende Hunde haben einen höheren Energiebedarf.
- Das heranwachsende Skelett braucht mehr als doppelt so viele Mineralstoffe.
- Spezielle Welpennahrung deckt alle Bedürfnisse ab.

Fertignahrung ist hochwertig, sicher und bequem

Wie wir gesehen haben, benötigen Hunde sehr viele verschiedene Nährstoffe. Diese müssen nicht nur in der optimalen Menge, sondern auch im richtigen Verhältnis zueinander in der Nahrung sein. Hinzu kommen besondere Lebenssituationen wie Wachstum, Phasen hoher körperlicher Belastung, Trächtigkeit oder Alter. Jede dieser Situationen bringt veränderte Nährstoffansprüche mit sich. Verdaulichkeit und Schmackhaftigkeit des Futters sollen auch gewährleistet sein, damit der Hund den Napf leert. Wollten wir unserem Hund selbst die tägliche Nahrung bereiten, hätten wir das alles zu beachten. Wir müßten den Gehalt der Ausgangsmaterialien an Eiweißen, Fetten, Mineralstoffen und Vitaminen genau kennen. Wer jedoch mißt die Menge essentieller Aminosäuren oder den Vitamingehalt eines Stückes Fleisch? Wieviel Kalzium ist denn nun in der Messerspitze Futterkalk enthalten? Und was ist mit der Zeit, die wir für die tägliche Futterration unseres vierbeinigen Freundes benötigen würden?

Am sichersten ist die Verwendung qualitativ hochwertiger Fertignahrung, wie sie von verantwortungsbewußten, erfolgreichen Züchtern empfohlen wird. Alle Nährstoffe sind in richtiger Menge und optimalem Verhältnis enthalten. Man kann genau portionieren, die Fütterung ist sauber, schnell und bequem.

Das deutsche Futtermittelrecht regelt die Zusammensetzung streng und genau. Es dürfen nur einwandfreie Rohmaterialien von gesunden Tieren und Pflanzen verwendet werden. Fertignahrung ist also der beste und sicherste Weg, unseren Hund richtig und gesund zu ernähren. Und schmecken wird es ihm ganz gewiß.

- Futterselbstzubereitung ist kompliziert, zeitraubend und erfordert Spezialkenntnisse.
- Fertignahrung ist sicher, hat hohe Qualität und erfüllt alle Nährstoffansprüche des Hundes.

Wichtige Tips zur Fütterung Ihres Hundes

1. Bei der Verwendung von Fertignahrungsmitteln, die als „Alleinfutter“ deklariert sind, erhält Ihr Hund alle lebensnotwendigen Nährstoffe in ausgewogener Zusammensetzung für ein langes, gesundes Hundeleben.
2. Ein Welpe braucht zu Beginn eines Lebens etwa doppelt so viele Nährstoffe und Energie wie ein ausgewachsener Hund, deshalb füttern Sie in der Wachstumsphase ein Fertigfutter, welches für wachsende Hunde bestimmt ist.
3. Verwenden Sie als Milchersatz für Saugwelpen nur spezielle Welpenmilchprodukte, Kuhmilch ist auf keinen Fall zu empfehlen, da sie nicht eiweiß- und fettreich genug ist und zu Durchfällen führen kann.
4. Achten Sie darauf, Futterumstellungen langsam und schrittweise über fünf Tage durchzuführen, so daß sich der Verdauungstrakt des Hundes an die neue Nahrung gewöhnen kann.
5. Füttern Sie stets zur gleichen Zeit und möglichst am gleichen Ort weder zu heiß noch zu kalt (nicht direkt aus dem Kühlschrank).
6. Bieten Sie ihrem Hund nur die Futtermenge an, die er auch auffrißt, keine Futterreste stehenlassen.

7. Frisches Wasser zum Trinken sollte Ihr Hund stets zur Verfügung haben.
8. Füttern Sie Fleisch bitte nur im abgekochten Zustand, bei der Fütterung von rohem Fleisch besteht Infektionsgefahr.
9. Bei der Verwendung eines hochwertigen Fertigfutters brauchen Sie keinerlei Zusatzstoffe oder Ergänzungsfuttermittel zusätzlich zu füttern.
10. Bei älteren Hunden ist die Futtermenge in 2–3 Mahlzeiten aufzuteilen. Die verwendeten Eiweiße müssen hochwertig und hochverdaulich sein.

Gesundheit

Vorbeugen ist besser als Heilen

Artgerechte Haltung, Pflege und Ernährung sind Voraussetzungen für die Gesundheit. Das seelische Wohlbefinden des Hundes ist so wichtig wie das körperliche. Der gesunde Hund nimmt aufmerksam und lebhaft Anteil an seiner Umgebung. Er ist kräftig und ausdauernd. In der Ruhe atmet er 10- bis 20mal, das Herz schlägt 70- bis 100mal in der Minute. Die Körpertemperatur liegt um 38,5 °C. Gesundheit ist nicht nur „Freisein von Krankheiten", sie schließt auch Widerstandskraft gegen Infektionen ein.

Das **Haarkleid** schützt nicht nur gegen Wind und Wetter, es ist auch Zeichen von Gesundheit. Stumpfes Haar, ständiger Haarausfall und starker Geruch deuten auf innere Erkrankungen hin. Die Haut soll frei von Schuppen und Rötungen sein, kein Juckreiz soll den Hund plagen.

Flöhe, Läuse und Haarlinge kann auch der gepflegteste Hund von einer Hundebegegnung mitbringen. Bei Juckreiz wird als erstes die Haut auf Flohstiche – bis zu linsengroße, geschwollene Rötungen – und das Fell auf Parasitenkot – kleine schwarze Pünktchen – abgesucht. Lieblingssitze der ungebetenen Gäste sind die Innenflächen der Hinterbeine, die „Achselhöhlen" und die Ohrmuscheln. Bei leichtem Befall genügt ein Flohpuder oder -spray. Wirksamer sind Waschlösungen, die das Fell bis auf die Haut benetzen, oder verschreibungspflichtige Mittel, die auf die Haut getropft werden und bis zu vier Wochen wirken.

Das Ablecken solcher Mittel muß aber unbedingt verhindert werden. „Anti-Floh-Halsbänder" geben bis zu vier Monaten gas- oder puderförmige Wirkstoffe ab. In Hundehütten können bei einigen Halsbändern Giftgaskonzentrationen auftreten, die auch für den Hund bedenklich sind. Manche Halsbänder verlieren zudem durch Nässe an Wirksamkeit. Bei Flohbefall muß immer das Lager des Hundes mitbehandelt werden. Moderne Spezialmittel töten dabei nicht nur „erwachsene" Flöhe, sondern stoppen auch die weitere Entwicklung der Flohlarven. Hundedecken werden am besten ausgekocht, Teppiche regelmäßig gesaugt und Stroh in der Hütte gewechselt.

Zecken lassen sich aus dem Gebüsch auf den Hund fallen, beißen sich in der Haut fest und saugen sich mit Blut voll. Je länger sie saugen, de-

Ein höchst erfolgreicher, in Tschechien gezüchteter Sheltie: Jugendchampion auf dem Weg zum erwachsenen Champion ist Frau Svobodovás „Kerry Kiss z Dáblovy studánky“

sto größer ist in bestimmten verseuchten Gegenden die Gefahr, daß eine für Hunde gefährliche Infektionskrankheit, die Borreliose, übertragen wird. Deshalb sollten Zecken so rasch wie möglich entfernt werden. Sie dürfen aber nicht einfach ausgerissen werden, weil dabei die Beißwerkzeuge in der Haut steckenbleiben und Entzündungen verursachen können. Am besten erfaßt man die Zecke mit einer Spezialpinzette und hebelt sie drehend aus der Haut heraus. Auf keinen Fall darf eine Zecke mit Alkohol betäubt oder mit Öl erstickt werden. Im Todeskampf gibt sie ihren Speichel in die Blutbahn des Hundes ab und damit eventuell Erreger einer Infektion. Inzwischen gibt es, allerdings nur beim Tierarzt, ein Anti-Zecken- und -Flohhalsband, das den Befall mit Zecken weitgehend und das Blutsaugen sicher verhindert.

Die **Ohren** sollten alle vier Wochen gereinigt werden. Mit Wattestäbchen kann man das Trommelfell zwar kaum verletzen, das Ohrenschmalz aber in der Tiefe zusammenstopfen. Besser ist ein alkoholischer Ohrreiniger, der randvoll ins Ohr eingegossen und bei zugedrückter Ohrmuschel durchmassiert wird. Das gelöste Ohrenschmalz kann der Hund dann selbst ausschütteln, vorzugsweise im Freien.

Dunkle, übelriechende Beläge im Ohr zeigen eine Entzündung an. Meist wird sich der Hund dann auch am Ohr oder – scheinbar – am Halsband kratzen und den Kopf schütteln. Ursache des „Ohrenzwanges" können Ohrenmilben, Grasgrannen oder andere Fremdkörper sowie Bakterien und Pilze sein. Wenn zwei- bis dreimalige gründliche Reinigung mit dem Ohrreiniger keine Besserung bringt, ist eine gezielte Behandlung erforderlich.

Die **Augen** werden mit einem Stückchen Mullbinde oder einem Taschentuch vom „Schlaf" gereinigt. Fusseln von Watte oder Papiertaschentüchern reizen die Schleimhäute. Bindehautentzündungen können auch durch Zugluft, Staub oder starke Sonne verursacht werden. Zur Linderung werden Augentropfen in den heruntergezogenen Bindehautsack geträufelt. Borwasser wird heute nicht mehr verwendet, weil feine Kristalle als Fremdkörper wirken können. Länger andauernder wäßriger, schleimiger oder eitriger Augenausfluß sollte nicht mit Hausmitteln kuriert werden. Es könnte eine Infektion vorliegen. Wucherungen auf der Rückseite der Nickhaut müssen meist operativ behandelt werden.

Die **Zähne** werden durch Hundekuchen oder Knochen ausreichend gereinigt. Auch die Tortur des Zähneputzens kann Zahnstein kaum verhindern. Zur Entfernung weicher Beläge eignet sich am ehesten ein Wattebausch, getränkt mit dreiprozentiger Wasserstoffsuperoxydlösung. Zahnstein ist ein fest anhaftender brauner Belag aus verhärteten Salzen. Fauliger Mundgeruch durch Zahnfleischentzündungen und -vereiterungen sowie Zahnausfall sind die Folgen. Zahnstein sollte frühzeitig fachkundig entfernt werden.

Lose Zähne müssen gezogen werden. Da der Hund keine Beute jagen, festhalten oder zerreißen muß, kann er auf schmerzende Zähne gut verzichten. Nach Entfernung der Eiterherde wird er sich auch allgemein wohler fühlen, denn sie können den Körper vergiften und zum Beispiel chronische Herzklappenentzündungen auslösen.

Die **Analbeutel** sollen eigentlich bei jedem Kotabsatz eine individuelle Duftmarke zur Revierkennzeichnung hinterlassen. Infolge der Domestikation funktioniert die Entleerung häufig nicht richtig. Sekretstauungen sind die Folge; den Juckreiz versucht der Hund vergeblich durch Rutschen auf dem After zu beseitigen. Dieses „Schlittenfahren" ist entgegen landläufiger Vermutung fast nie auf Wurmbefall zurückzuführen. Stark gefüllte Analbeutel müssen fachkundig ausgedrückt, vereiterte müssen tierärztlich behandelt werden.

Die **Krallen** werden nur bei regelmäßigem Auslauf auf hartem Untergrund ausreichend abgelaufen. Nur bei krankhaftem Hornwachstum oder Stellungsfehlern müssen sie geschnitten werden. Dabei soll die in der Kralle verlaufende Ader nicht verletzt werden. „Wolfskrallen", Überbleibsel der an sich verkümmerten fünften Zehe an Vorder- und Hinterläufen, können bei Verletzungen stark bluten. Sie sollten vorsorglich amputiert werden. Das geschieht üblicherweise schon bei neugeborenen Welpen.

Erste Hilfe tut not

Hautverletzungen müssen genau inspiziert werden. Oberflächliche Abschürfungen und Schrunden können mit Hausmitteln behandelt werden. Auf jeden Fall werden im Bereich der Verletzungen die Haare mit einer gebogenen Schere kurz abgeschnitten. Sie verkleben sonst mit dem Wundsekret; Vereiterung ist die Folge. Die Wunde wird mit Wundgel, -spray oder -tinktur behandelt. Fetthaltige Salben behindern den heilungsfördernden Luftzutritt, Puder verkrustet.

Bei tieferen Wunden mit Durchtrennung der Haut sollte umgehend ein Tierarzt hinzugezogen werden. Bei Beißereien und Stacheldrahtverletzungen wird die Haut oft vom Körper losgerissen, so daß tiefe Taschen zu versorgen sind. Von Fall zu Fall ist zu prüfen, ob eine „offene Wundbehandlung" oder eine Naht besser ist. Nur frische Wunden können mit Aussicht auf komplikationslose Heilung genäht werden. Eine offene, aus der Tiefe nässende oder eiternde Wunde darf der Hund belecken. In allen anderen Fällen wird die Wundheilung behindert, weil die zarten Heilungszellen am Wundrand gestört werden. Das Belekken von Wunden und das Abreißen von Verbänden können durch einen Halskragen verhindert werden, den es fix und fertig vom Tierarzt gibt.

Wundstarrkrampf ist beim Hund selten. Impfungen sind daher nicht üblich. Zur Vorbeugung sollen Wunden ausbluten und nicht luftdicht abgedeckt werden. Wenn größere Adern verletzt sind, kommt es zu andauernden, starken Blutungen. Häufig tritt Blut im Strahl aus. Dann muß zur Ersten Hilfe ein Druckverband angelegt werden. An ungünstigen Körperstellen wie am Kopf kann auch von Hand eine Kompresse aufgedrückt werden. Gliedmaßen können abgebunden werden, die Abbindung muß aber viertelstündlich kurz gelöst werden. In solchen Fällen ist stets umgehend tierärztliche Hilfe erforderlich.

Unfälle können auch zu inneren Verletzungen und Gehirnerschütterungen führen. Bei Bewußtseinstrübungen soll nie Flüssigkeit eingeflößt werden. Die Maulschleimhaut kann aber mit Kaffee, Tee oder auch einfach mit Wasser befeuchtet werden. Der Hund wird vorsichtig getragen oder seitlich mit tiefliegendem Kopf und herausgezogener Zunge auf einer Decke gelagert, die, von zwei Personen an den Ecken strammgezogen, auch als „Tragbahre“ dient. Am Unfallort sind meistens die Diagnose und vor allem eine wirksame Schockbehandlung erschwert. Telefonisch sollte zur Vermeidung unnötiger Wege und Wartezeiten ein dienstbereiter Tierarzt verständigt und umgehend aufgesucht werden.

Lahmheiten können viele Ursachen haben. Als erstes wird die Pfote untersucht. Dornen oder Splitter werden ausgezogen. Verfilzte Haare drükken zwischen den Ballen wie ein Stein im Schuh; sie werden daher vorsichtig ausgeschnitten. Wunde Stellen werden wie Hautverletzungen behandelt. Im Winter müssen Streusalzreste von den Pfoten abgewaschen werden.

Bei Krallenbettentzündungen können warme Kamillen- oder Seifenbäder Linderung bringen. Lose Krallenteile werden an der Bruchstelle beherzt abgeschnitten. In vielen Fällen ist ein Verband erforderlich. Er muß fachkundig angelegt werden, um Druckstellen zu vermeiden. Bei Schwellungen, Prellungen und Verstauchungen kann das Fell des betroffenen Körperteils mehrmals täglich mit kaltem Wasser durchnäßt werden. Das wirkt wie ein Kühlverband, lindert den Schmerz und hemmt – frühzeitig angewendet – weitere Schwellungen. Wenn ein Bein überhaupt nicht belastet wird, besteht Verdacht auf Knochenbruch. Bei stark abnormer Beweglichkeit können die Gliedmaßen durch eine Notschiene ruhiggestellt werden. Andauernde, wiederkehrende oder sich verschlimmernde Bewegungsstörungen sind stets ein Fall für den Tierarzt. Das Humpeln auf einem Hinterbein wird nicht selten durch eine Ausrenkung der Kniescheibe oder durch Riß von Bändern bedingt, die operativ fixiert werden müssen.

Vergiftungen sind meist „Unglücksfälle“ und nur selten böse Absicht. Rattengift kann bei unsachgemäßem Auslegen direkt, aber auch mit vergifteten Nagetieren aufgenommen werden. Meist handelt es sich um Cumarinpräparate, die zu inneren Blutungen führen. Vorsicht ist auch bei Schädlings- und Unkrautbekämpfungs- sowie bei Frostschutzmitteln geboten. Hochgiftige Thallium-, Zinkphosphid- und Arsenzubereitungen, Blausäure und Strychnin sind heute gottlob kaum noch erhältlich.

Die besten Überlebenschancen bestehen, wenn man „nach frischer Tat“ das Gift wieder aus dem Magen herausbefördern kann. Der Tierarzt kann Erbrechen durch eine Spritze auslösen, der Laie durch Eingeben von zwei bis drei Teelöffeln Salz. Nach dem Erbrechen kann eine Aufschwemmung von etwa zehn Kohlekompretten eingeflößt werden. Milch wird nicht gegeben, weil verschiedene Gifte fettlöslich sind.

Etwa vorhandene Hinweise auf die Art des Giftes ermöglichen eine rechtzeitige, gezielte tierärztliche Behandlung. Ungewisser sind die Aussichten, wenn Vergiftungsfolgen wie Krämpfe, Mattigkeit oder Brechdurchfall schon eingetreten sind, die Ursache aber nur vermutet werden kann. Eine genaue Diagnose ist oft erst durch Spätschäden wie Blutungen oder Haarausfall möglich. Dann kann es für eine Rettung bereits zu spät sein.

Durchfall ohne Fieber bessert sich häufig nach einem Fastentag: Der Hund erhält ausschließlich stark verdünnten Tee mit einer Prise Salz, aber ohne Zucker. Zur Geschmacksverbesserung ist Süßstoff erlaubt. Zusätzlich ist es nie verkehrt, eine Aufschwemmung von Kohlekompretten einzugeben. Keinesfalls darf Durchfall mit Wasserentzug „behandelt" werden; der Körper würde zu stark austrocknen.

Am zweiten Tag erhält der Hund in kleinen Portionen ein Diätfutter, zum Beispiel Beefsteakhack, Schmelzflocken und rohen geriebenen Apfel. Am dritten Tag muß der Kot zumindest wieder dickbreiig sein.

Verstopfungen lassen sich oft durch rohe Leber oder Milz oder einige Teelöffel süßer Dosenmilch beheben. Bei krampfhaft vergeblichem Drängen kann ein Mikroklistier Erfolg bringen. Bei einer Verhärtung von Knochenteilen im Enddarm hilft allerdings meist nur ein fachgerechter Einlauf.

Erbrechen ist keine selbständige Krankheit. Einmaliges Erbrechen kann durch zu hastiges Fressen, zu kaltes Futter oder Aufnahme von Fremdkörpern ausgelöst werden. Gelegentliches Erbrechen ist beim Hund ohne große Bedeutung. Um zu erbrechen, frißt der Hund häufig Gras. Geschieht das regelmäßig oder wird ständig das Futter erbrochen, muß ein Tierarzt hinzugezogen werden. Auch Durchfall und Erbrechen mit Fieber sind kein Fall für Hausmittel.

Scheinträchtigkeit tritt bei manchen Hündinnen etwa acht Wochen nach der Läufigkeit auf. Sie sind unruhig, „bemuttern" irgendwelche Gegenstände, fressen schlecht und erbrechen gelegentlich. Das Gesäuge schwillt, Milch bildet sich. Abhilfe schafft häufig wenig Fressen und Trinken bei viel Bewegung und Beschäftigung. Das Gesäuge kann mehrmals täglich mit kaltem Wasser befeuchtet werden, um Schwellung und Milchproduktion zu hemmen. Keineswegs soll die Milch ausgedrückt werden. Damit würde nur die weitere Milchbildung angeregt. Bei sehr starker Gesäugeschwellung und trotz Hausmitteln nicht nachlassenden Erscheinungen muß der Tierarzt verständigt werden.

Insektenstiche, vor allem durch das Schnappen nach Wespen und Bienen verursacht, können schnell zu erheblichen Schwellungen am Kopf oder, noch schlimmer, im Rachen führen. Äußerliche Kühlung mit Eiswürfeln und eine Tablette gegen Allergie ersparen oft nicht die möglichst rasche tierärztliche Behandlung.

Alarmzeichen

Fieber ist eine Abwehrreaktion des Körpers, meist auf Infektionen. Die Hundenase kann auch beim kranken Hund feucht und kühl sein. Die Temperatur muß mit einem Fieberthermometer (je nach Modell bis zu fünf Minuten) im Mastdarm gemessen werden. Sie darf nicht über 39 °C liegen. Untertemperaturen unter 37,5 °C entstehen infolge einer Reduzierung der Stoffwechselvorgänge häufig vor dem Tod.

Husten, als ob ein Knochen im Hals säße, tritt bei Mandelentzündungen auf. Ernstere Infektionen wie Zwingerhusten oder gar Staupe könnten aueh vorliegen. Pumpende Atmung entsteht durch eine Lungenentzündung, aber auch durch Wasseransammlung in der Lunge, zum Beispiel infolge von Vergiftungen. Bei alten Hunden kann der damit verbundene Husten auch auf eine Herzschwäche zurückzuführen sein. Bauchpressen und Aufblasen der Backen sind Zeichen höchster Atemnot.

Schleimhäute im Auge und im Fang geben Hinweis auf innere Erkrankungen: Blässe deutet auf Blutarmut hin, Gelbfärbung auf Leberschäden mit Gelbsucht, Blutungen auf schwere Infektionen oder Vergiftungen, eine bläuliche Färbung tritt bei Herz- und Kreislaufschwäche auf.

Kot und Urin mit Blutbeimengungen lassen krankhafte Veränderungen erkennen. Bei Blutungen im Magen und in den vorderen Darmabschnitten kann der Stuhl durch das verdaute Blut pechschwarz aussehen. Nierenerkrankungen können auch mit erhöhtem Durst verbunden sein. Wenn Mattigkeit und Mundgeruch hinzukommen, ist meist bereits eine Harnvergiftung eingetreten. Harnsteine, Blasenriß oder Vergiftungen können dazu führen, daß überhaupt kein Urin mehr abgesetzt wird; dann besteht höchste Gefahr. Geschwülste, Prostatavergrößerungen und Mastdarmveränderungen erschweren den Kotabsatz. Verhärtete Knochenteile können den Enddarm völlig verstopfen. Erbrechen und zunehmende Mattigkeit bei fehlendem Kotabsatz sprechen für Darmverschluß oder einen Fremdkörper im Darm.

Speicheln wird im harmlosesten Fall durch Fremdkörper in der Maulhöhle oder durch lose Zähne verursacht, bedenklicher wäre eine E605-Vergiftung oder Pseudowut, schlimmstenfalls ist an Tollwut zu denken.

Umfangsvermehrungen des Bauches bei sonst normalem Ernährungszustand oder zunehmender Abmagerung können durch Tumoren oder Bauchhöhlenwasser hervorgerufen werden. Bei einer Gebärmuttervereiterung besteht gleichzeitig fast immer starker Durst, gelegentlich auch Scheidenausfluß. Eine plötzliche Aufblähung des Bauches mit Kolik und Kreislaufschwäche, bedingt durch eine Magendrehung, erfordert unverzügliche Operation. Eine Entzündung der Kaumuskeln mit Schwellung und Verhärtung sowie hervortretenden Augäpfeln muß sofort tierärztlich behandelt werden.

Infektionen bedrohen die Gesundheit

Staupe und ansteckende Leberentzündung (Hepatitis) sind Viruskrankheiten, die für Junghunde besonders gefährlich sind, aber auch ältere Hunde befallen. Staupe beginnt mit einem häufig kaum merkbaren, kurzen Fieber, dem nach etwa acht Tagen eine schwere Lungenentzündung mit eitrigem Augen- und Nasenausfluß oder ein Durchfall folgt. Eine besondere Verlaufsform ist mit einer Verhärtung der Ballen verbunden. Nach scheinbarer Besserung treten nervöse Erscheinungen bis hin zu Krämpfen auf, die meistens zum Tod führen.

Nach überstandener Staupe bleibt häufig ein nervöses Zucken der Kopfmuskeln, der „Staupetick", nach Erkrankungen im Junghundealter das „Staupegebiß" mit erheblichen Zahnschmelzdefekten zurück. Die ansteckende Leberentzündung verläuft ähnlich, mit hohem Fieber, Apathie und Appetitlosigkeit. Hornhauttrübungen können bleibende Folgeschäden sein.

Stuttgarter Hundeseuche (Leptospirose) wird durch Bakterien verursacht und von Hund zu Hund übertragen. Sie beginnt häufig mit einer Schwäche in den Hinterbeinen. Geschwüre im Maul, Magen und Darm sind mit aasartig-faulem Maulgeruch und blutigem Durchfall verbunden.

Tollwut tritt bei Hunden nur noch selten auf. Die Seuche wird vor allem durch Füchse übertragen. Hinweisschilder warnen in gefährdeten Gebieten vor Tollwut. Die Krankheit ist besonders tückisch: Die typischen Wuterscheinungen mit heiserem Gebell, Wasserscheue, Unruhe und unmotivierter Beißwut fehlen häufig. Die „stille Wut" ist im Anfangsstadium schwer zu erkennen. Ein erkranktes Tier stirbt immer.

Parvovirose ist eine Viruskrankheit, die sich bei Hunden aller Altersgruppen in schweren, durch Erbrechen und Durchfall gekennzeichneten Erkrankungen äußert. Bei Welpen kann plötzlicher Herztod auftreten.

Der Erreger ähnelt dem Katzenseuchevirus; eine wechselseitige Ansteckung zwischen Hund und Katze ist jedoch nicht möglich. Die Ansteckung erfolgt über Ausscheidungen von Hund zu Hund, aber auch durch Verschleppung angetrockneter Ausscheidungen, zum Beispiel an Kleidungsstücken.

Impfungen schützen vor diesen Infektionskrankheiten

Welpen in gefährdeten Zuchten oder ungeimpfte Hunde mit verdächtigen Krankheitserscheinungen können mit einem Serum behandelt werden, das fertige spezifische Abwehrstoffe enthält. Diese „passive Immunisierung" schützt aber nur für zwei bis drei Wochen. Der Käufer eines Hundes sollte den Impfpaß daraufhin genau prüfen.

Länger dauernden Schutz vermittelt nur die „aktive" Schutzimpfung. Dabei werden abgeschwächte oder abgetötete Infektionserreger eingeimpft. Der Körper reagiert darauf mit der Bildung eigener Abwehrstoffe. Bei den heute üblichen Kombinationsimpfstoffen kennzeichnen die Buchstaben S, H, L, T und P die Wirksamkeit gegen die in Frage kommenden Seuchen.

Welpen werden mit sechs bis acht Wochen das erste Mal geimpft und müssen dann mit etwa zwölf Wochen nach Impfplan nachgeimpft werden. Auch bei älteren, noch nicht geimpften Hunden empfiehlt sich eine zweimalige Grundimmunisierung, um einen umfassenden Impfschutz gegen alle Infektionskrankheiten aufzubauen.

Der einmal gebildete Impfschutz baut sich im Laufe der Zeit ab. Kommt der Hund mit betreffenden Seuchenerregern in Berührung, so wird die Antikörperbildung aufgefrischt. Ist der Impfschutz aber bereits zu stark abgesunken, kann der Hund erkranken.

Deshalb sind regelmäßige Auffrischungsimpfungen erforderlich, am besten jährlich mit einem Kombinationsimpfstoff. Denn die Tollwutimpfung wird ohnehin nur für ein Jahr anerkannt, die Leptospiroseimpfung wirkt nicht länger, und gegen die seit einiger Zeit wieder bedrohlich zunehmende Staupe gilt es, auf Nummer Sicher zu gehen.

Ein sicherer Impfschutz des Hundes ist auch für den Menschen wichtig. Erkrankte Hunde können Leptospiren übertragen, die beim Menschen das „Canicola-Fieber" oder die „Weilsche Krankheit" hervorrufen.

Hundetollwut ist wegen des engen Kontaktes für Menschen viel gefährlicher als Wildtollwut. Geimpfte Hunde übertragen keine Tollwut. Nach einem Kontakt mit verdächtigem Wild brauchen sie deshalb auch nicht getötet zu werden, wie dies für ungeimpfte Hunde gesetzlich vorgeschrieben ist.

Gegen andere Infektionen schützt Vorsicht

Toxoplasmose wird durch einzellige Schmarotzer hervorgerufen. Ihr Stammwirt ist die Katze. Bei anderen Tieren werden ansteckungsfähige Dauerformen gebildet. Hunde erkranken überwiegend durch infiziertes Schweinefleisch. Für die Ansteckung des Menschen wurden sie früher zu Unrecht verantwortlich gemacht.

Die **Aujeszkysche Krankheit** wird ebenfalls durch Schweinefleisch übertragen. Unstillbarer Juckreiz, Unruhe, Ängstlichkeit und Speichelfluß haben gewisse Ähnlichkeit mit Tollwut. Die Krankheit wird daher auch „Pseudowut“ genannt. Schweinefleisch und in der Zusammensetzung unbekannte Fleischmischungen, zum Beispiel aus Supermärkten, müssen deshalb gut durchgekocht werden. Fertigfutter und Rindfleisch sind dagegen unbedenklich.

Zwingerhusten tritt vor allem in Tierheimen und Hundehandlungen auf. Unter begünstigenden Umständen lösen Viren und Bakterien gemeinsam Entzündungen von Luftröhre und Bronchien aus. Kennzeichnend ist ein kurzer, trockener Husten. Sekundärinfektionen können den Krankheitsverlauf verschlimmern. Während des Urlaubs sollte man seinen Hund nicht in unbekannte Heime oder Pensionen geben oder ihn vorsorglich auch gegen Zwingerhusten impfen lassen.

Wurmkuren gegen unerwünschte Kostgänger

Spulwürmer können bei Junghunden zu Verdauungs- und Entwicklungsstörungen, zu Vergiftungserscheinungen und sogar zum Tod führen. Fast alle Welpen werden im Mutterleib mit Spulwürmern infiziert. Die ersten Wurmkuren soll schon der Züchter durchführen. Junghunde werden vierteljährlich entwurmt. Ältere Hunde beherbergen nur noch einzelne Würmer. Sie richten zwar keinen großen Schaden an, sind aber eine ständige Infektionsquelle. Hündinnen sollten zumindest sechs Wochen nach jeder Läufigkeit, Rüden mindestens einmal jährlich entwurmt werden. Bei festgestelltem Wurmbefall ist eine sofortige Entwurmung mit einer Wiederholungsbehandlung nach zwei bis drei Wochen erforderlich. Rohe Möhren garantieren keine Wurmfreiheit. Wirksame und verträgliche Mittel sind verschreibungspflichtig. Sie wirken auch gegen andere Rundwurmarten, zum Beispiel gegen Hakenwürmer.

Spulwürmer sind auf ihre Wirtstierarten spezialisiert; wenn der Mensch Hundespulwurmeier aufnimmt, schlüpfen zwar Larven und beginnen ihre Wanderung im Körper, sie bleiben jedoch in Organen oder Muskeln stecken und können dort schmerzhafte Entzündungen verursachen. Besonders gefährdet sind „Krabbelkinder“. Wurmkuren dienen daher auch dem Gesundheitsschutz der Familie.

Bandwürmer brauchen für ihre Entwicklung stets einen Zwischenwirt. Für den Hundebandwurm ist dies der Floh. Er nimmt die Wurmeier auf, aus denen sich eine Finne entwickelt. Der Hund „knackt“ den Floh, die Finne wächst im Hundedarm zum fertigen

Bandwurm aus. Mit dem Kot erscheinen nach geraumer Zeit einzelne kürbiskernförmige, anfangs noch bewegliche Bandwurmglieder oder ein längeres, deutlich gegliedertes Wurmende. Es gibt heute neben speziellen Spulwurm- und Bandwurmmitteln auch Präparate, die gegen beide Parasitenformen wirksam und dabei gut verträglich sind. Empfehlenswert ist eine systematische vierteljährliche Bandwurmbehandlung des Hundes. Zur Bandwurmkur gehört stets eine Flohbehandlung von Hund und Lager.

Besonders bei Jagdhunden kann auch der „gesägte Bandwurm“ auftreten, dessen Zwischenwirte Hasen und Kaninchen sind. Andere Bandwurmarten, die durch Fisch oder Wild, Rinder- oder Schafeingeweide übertragen werden, kommen seltener vor. Dazu zählt der „dreigliedrige Bandwurm“, der auch dem Menschen gefährlich werden kann. Der Hund sollte zur Vorbeuge keine rohen „Konfiskat“-Innereien erhalten und daran gehindert werden, Kadaver von Wildtieren anzufressen. Für Menschen besonders gefährlich ist der vor allem in einigen Gegenden Mittel- und Süddeutschlands verbreitete „Fuchsbandwurm“, der auch durch Hunde übertragen werden kann. Neben regelmäßigen Bandwurmkuren ist es die beste Vorbeuge, den Hund in Wald und Flur anzuleinen.

Gefahren für die menschliche Gesundheit?

Hygiene. Impfungen und Wurmkuren schränken Ansteckungsgefahren ein. Hygiene tut ein übriges: Selbstverständlich hat der Hund sein eigenes Lager und Futtergeschirr; beides ist peinlich sauber. Der Hund wird so erzogen, daß er das Gesicht nicht ableckt. Das Belecken der Hände ist Ausdruck seiner Zuneigung. Man darf sie dulden, denn man kann sich die Hände anschließend waschen. Vorsichtige können Lager, Hütte und andere hygienegefährdete Stellen und Gegenstände regelmäßig desinfizieren. Die Mittel sollen gegen Viren, Bakterien und Pilze wirken. Zur Schnelldesinfektion eignet sich besonders ein Spray, der auch Ektoparasiten abtötet.

Besonders angezeigt sind solche Maßnahmen, wenn der Hund eiternde Wunden, Ekzeme, Furunkel oder eine Vorhaut-, Zahnfleisch- oder Mandelentzündung hat. Diese Infektionen sind konsequent zu behandeln. Eitererreger können auch beim Menschen Komplikationen verursachen. Vorsicht ist stets bei schlecht heilenden oder sich ausbreitenden Ekzemen geboten: Räudemilben sind zwar auf Tierarten „spezialisiert“, können jedoch auch beim Menschen juckende Hautrötungen verursachen. Hautpilzinfektionen sind auf Menschen übertragbar.

Daher sollte man umgehend eine Spezialuntersuchung und Behandlung veranlassen. Pilzinfektionen entstehen nur, wenn sich die Erreger länger als 12 bis 24 Stunden auf der menschlichen Haut einnisten können. Gründliches Waschen bannt die Gefahr. Zusätzliche Sicherheit bietet ein Handdesinfektionsmittel, das nach Berührung verdächtiger Stellen oder Ausscheidungen in die Hände eingerieben wird. So wie der Hundebesitzer im eigenen Heim für hygienische Bedingungen sorgt, sollte er auch außerhalb des Hauses auf Sauberkeit achten.

Die **Kotbeseitigung** auf Rasenflächen, Wegen und Straßen sollte für den Hundehalter, besonders in der Stadt, inzwischen zu einer Selbstverständlichkeit geworden sein. Erleichtert wird dieses Bemühen durch praktische, im Heimtierbedarf erhältliche Beutel, mit denen der Kot leicht eingesammelt und entsorgt werden kann.

Allergien sind auch durch größte Sauberkeit nicht immer zu vermeiden. Einige Menschen reagieren bei Kontakt mit Tierhaaren und -hautteilen mit Ausschlägen oder Atembeschwerden. Katzen, Meerschweinchen und Vögel sind viel öfter als Hunde die Auslöser; viele andere pflanzliche und tierische Stoffe kommen hinzu.

Die Allergieursache kann von einem Hautarzt durch Spezialtests auf der Haut ermittelt werden. Auf Verdacht braucht also kein Hund abgeschafft zu werden. Und vor der Anschaffung eines Dackels brauchen auch gesundheitsbewußte Hundefreunde nicht zurückzuschrecken.

Eigentlich fehlt ein Kapitel über Naturheilkunde bei Hunden. Hier ist man jedoch auch in Fachkreisen so geteilter Meinung, daß ich es lieber lasse. Vielleicht genügt dem Leser der Hinweis, daß die Zahl der Veterinäre wächst, die die Anwendung alter Naturheilbehandlungen bevorzugen und damit manchmal überraschend schnelle und gute Erfolge erzielen.

Züchten

Illusionen

Es sieht so einfach aus. Da ist eine Hündin, eine vermeintliche Nachfrage nach Welpen und ein recht stabiler Welpenpreis. So rechnet sich der „Unternehmer" aus, daß bei einer durchschnittlichen Welpenzahl von etwa 5 Welpen/Wurf und einem Kaufpreis von 1200,– DM/Welpen die Kosten bis zur Zuchttauglichkeit der Hündin, einschließlich Decktaxe, Eintragungs- und Zuchtgebühren und Kosten für die Aufzucht des Wurfes wieder hereinkommen. Erst recht dann, wenn man jedes Jahr einen Wurf verkaufen kann. Solche angehenden Züchter freuen sich über jeden Käufer. Aber wird hier ein Leistungsniveau gehalten? Zuchterfolg und finanzieller Erfolg fallen nicht in den Schoß. Es besteht der Verdacht, daß diese Hündin dann nicht zielgerichtet für Zucht und Ausstellung vorbereitet wird. Auch für mäßig typische Hündinnen wird sich der Eigentümer eines erprobten und typischen Deckrüden nicht gerade begeistern. Können Sie sich eine hundgerechte Aufzuchtanlage leisten und den Welpen Bedingungen bieten, die zum Beispiel die erste Sozialisierungsphase der jungen Hunde gewährleistet? Prüfen Sie also diesen Schritt ernsthaft, um nicht in den Verdacht zu kommen, nur Geld erwirtschaften zu wollen. Dennoch ist Züchten ein wunderbares Hobby für Leute, die viel Zeit und Passion sowie eine finanzielle Sicherheit gewährleisten können. Die Mitarbeit und Suche nach Erfahrungsaustausch in einem Zuchtverein wird bei angehenden Züchtern selbstverständlich sein.

Voraussetzungen für Züchter und Zuchthunde

Will man zu den nachhaltig erfolgreichen Züchtern in der Liga der Züchter gehören, ist dieser Weg nur ratsam, wenn man sich sicher ist, optimale Bedingungen und Voraussetzungen bieten zu können. Das zeigt sich zuerst bei den Zuchttieren. Diese müssen im Wesen und Aussehen den typischen Rassestandards entsprechen. Auch müssen sie bei Zuchtschauen unter verschiedenen Zuchtrichtern stets zuverlässig mindestens „Sehr gut" als Formwert erhalten haben. Aus einer anderen Zucht ist auch gezielt ein weiterer Hund als Kompagnon für die Zucht zu kaufen. Angesichts der Regel, daß Hündinnen nur einen Wurf pro Jahr haben dürfen, müßten Sie schon im

Internationaler Champion

18. Lebensjahr mit diesem Hobby beginnen. Es dauert Jahre, bis man zu den anerkannten Züchtern gehört.

Derselbe Grundsatz muß auch für Hunde gelten, die schon angeschafft sind, wenn ihr Besitzer auf die Idee kommt, seine Hündin zur Zucht nutzen zu wollen. Dann ist kritisch zu überlegen, ob die Erbmasse dieses Hundes ein Gewinn für die Rasse sein wird. Ein Hütehund, der den Wesenstest nicht überlegen bestanden hat, taugt keinesfalls zur Zucht! Ein weiterer, ebenso wichtiger Aspekt ist die körperliche Leistungsfähigkeit des Hundes. Natürlich haben Collies und Shelties ebenso wie andere Rassen auch erbliche Krankheiten oder Schwächen, die von betreuenden Rassezuchtvereinen erfaßt, bewertet und züchterisch bekämpft werden. Dazu zählen Stoffwechselerkrankungen, Augenerkrankungen, aber auch die degenerative Veränderung der Hüftgelenke, die Hüftgelenksdysplasie (HD). Alle Collies sind in Deutschland vor Zuchtverwendung auf HD zu untersuchen, ebenso wird ein Gutachten dazu erstellt. Bei den HD-Ergebnissen zählen nicht nur die der Eltern des Welpen, sondern auch die der Vorfahren.

Herzerkrankungen und Stoffwechselstörungen beeinflussen mitunter unerkannt die Fitneß der Zuchthunde. Es sollte daher aus der Sicht der Autoren in den entsprechenden Rassehundezuchtvereinen Pflicht sein, der Zuchtverwendung auch eine Ausdauerprüfung vorzuschalten. Sachkundige Tierärzte prüfen z. B. Kondition und auch Herztätigkeit zu Beginn und am Ende eines Ausdauertrainings. Hunde mit geringer Kondition sind, auch wenn sonst keine gesundheitlichen Probleme vorliegen, zur Zucht nicht geeignet.

Menschen, die nur Hunde und keine Kommunikation mit anderen Menschen mögen, sind als Züchter ungeeignet. Als Züchter ist man nicht nur Erzeuger von Hunden dieser Rasse, sondern auch deren Botschafter, Propagandist und Begeisterer. Ein Züchter ist auch Berater in vielen Sachfragen, der selbstgezüchtete Hund ist mitunter nur ein Anlaß. Man braucht Geduld, viel Toleranz und gute Nerven, denn Welpenkäufer fragen ausgiebig. Hundeinteressierte sind sehr unterschiedlich in ihrer Persönlichkeit, auch hinsichtlich der Einstellung zu emotionalen Werten und zur Diskretion. Rechnen Sie damit, daß Welpenkäufer Sie zu jeder Zeit anrufen. Sie fragen Dinge, die unsinnig vorkommen oder die ganz selbstverständlich sind. Verlieren Sie nicht die Geduld. Denken Sie auch daran, Züchter müssen bereit sein, Urlaub und Freizeit so zu planen, daß die Betreuung der Hunde gewährleistet ist.

Entscheidend wird für Sie die Gewährleistung der bereits beschriebenen Aufzuchtbedingungen sein. Lesen Sie die Ausführungen auf der Seite 112 nach. Bei den Rassehundezuchtvereinen finden Sie verbindliche Regelwerke, z. B. auch die über „Mindesthaltungsbedingungen“. Nutzen Sie die ausführlichen Literaturhinweise in diesem Buch und denken Sie daran, die Praxis wird der größte Lehrmeister sein. Wenn man die Einkünfte als Nebeneffekt betrachtet, wird immer die Freude im Umgang mit den jungen Hunden an erster Stelle stehen.

Anhang

Anschriften, die Sie kennen sollten

Der große und traditionsreiche Rassehundezuchtverein, der sich schon seit 110 Jahren um die Rassen kümmert, ist der Club für Britische Hütehunde, mit fast 4000 Mitgliedern, die bundesweit in 18 Landesgruppen in allen deutschen Bundesländern organisiert sind. Er gewährleistet eine flächendeckende Betreuung von Liebhabern und Interessenten für Collies und Shelties. Bei den vielfältigen Aktivitäten um Welpenspielstunden, Ausbildung, Agility, Haarpflege und Ausstellungstraining, aber auch geselligen Anlässen wie gemeinsamen Spaziergängen und Zusammenkünften findet sich für jeden Hundehalter etwas. Das muß man testen. Auch der Collie Club Deutschland e. V. ist gerne zu allen Auskünften über die von ihm betreute Rasse bereit.

Da nicht in allen Ländern eine Gruppierung besteht, die sich ausschließlich um die Rassen Collie und Sheltie kümmert, sind in solchen Fällen Dachverbände (DV) oder auch Kontaktpersonen (KP) genannt, bei denen weiterführende Informationen erfragt werden können. Bei diesen sollte auch nachgefragt werden, wenn sich die genannten Ämter in Vereinen oder die Personen, die solche Ämter meist ehrenamtlich verwalten, geändert haben.

Australien

Collie: National Collie (Rough and Smooth) Council, Mrs. C. Kemp, Secretary, 78 Thompson road, Greenbank QLD 4124, Tel. (07) 32975290;
Sheltie: National Shetland Sheepdog Council, Mrs. B. Phillips, Secretary, „Gowan Vale“, RMB 1885 Samaria Road, Benalla VIC 3673, Tel. (03) 57624536;
(DV) Australian National Kennel Council, P.O. Box 632, St. Mary's, N.S.W. 2760, Tel. 3-8 34 30 22.

Belgien

The Collie Association VZ.W, Madame Denemoustier M., Résidence Rubis 13, B-1300 Wavre, Tel. (0)10 418195;
Sheltie Club, Madame Michiels, rue Quarters 1, B-53330 Saint Bernard, Tel. (0)81 401692;
(DV) Union Royale Cynologique Saint Hubert, 25, avenue de l'armèe, B-1040 Bruxelles.

Dänemark

Dansk Collie Klub, Mrs. Ada Norts, Skovsordvej 44, Fiersted Mark, 8670 Låsby, Tel. 0045 56633336;
Danks Shetland Sheepdog Klub, P. C. Guldsteen, Farstrup Hed 19, DK-5471 Sonders , Tel. 0045 64801455;
(DV) Dansk Kennel Klub, Parkvej 1, Jersie Strand, DK-2680 Solr d Strand, Tel. (56) 147400.

Deutschland

Club für Britische Hütehunde (Collie und Sheltie), Welpenvermittlung und Beratung: Ulla Zimmer, Dopheide 53, 33758 Schloß-Holte, Tel. 05207/8330, Fax: 05207/2790;

Rassebetreuer Collie: Dirk Klein, Hünenburgstraße 8, 31311 Uetze, Tel. 0 51 73/2 42 61, Fax 8 42; Rassebetreuer Sheltie: Josef Feldhoff, Neustadterstraße 5, 56593 Krunke-Epgert, Tel. 02687/502, Fax 2579; Deutscher Collie Club e. V. (nur Collie), Uwe Nölke, Ahrsener Straße 1, 29614 Bomlitz, Tel.+Fax 0 51 61/91 01 10; (DV) Verband für das Deutsche Hundewesen e. V., Westfalendamm 174, D-44141 Dortmund, Tel. 0231-565000

Finnland

Suomen Collieyhdistys R.Y., Toimisto/Kiiveri Sirpa, Kamreerintie 8, SF-02600 Espoo; (DV) Suomen Kennelliitto-Finska Kennelklubben, Kamreerintie 8, SF-02770 Espoo, Tel. 8-08057722.

Frankreich

Club des Amis du Colley, Keramoal, F-29290 Milizac; Shetland Club de France, M. Thebault, Hameau d'Ortignac, F-65190 Luc; (DV) Société Centrale Canine, 215, rue Saint-Denis, F-75093 Paris Cedex 02, Tel. 2 33 61 67.

Großbritannien

In GB sind mehrere Clubs aktiv, dies sind die ältesten und größten überregionalen Zusammenschlüsse.
Collie: The British Collie Club, Hon. Secretary: Mrs. C. A. Hughes, 27, Warkworth Court, Ellesmere Port, South Wirral, L65 9EN;
Sheltie: English Shetland Sheepdog Club, Hon. Secreatry: Mrs. B. Gibens, 254 Woolwich Road, Abby Wood, London, SE 2 ODW, (DV) The Kennel Club, 1, Clarges Street, Piccadilly, London GB.

Italien

Società Italiana Collies c/o Francesco Mastoro, Via di Monteverde 29, I-00152 Roma, Tel. + Fax ++39-06-5 34 31 27; (DV) Ente Nazionale della Cinofilia Italiana, Viale Premuda 21, I-20129 Milano, Tel. 2-76 02 17 06.

Kroatien

Hrvatski Kinoloski Savez, Illica 61, HR-10000 Zagreb, Tel. + Fax +3 85-14 84 61 24.

Luxembourg

Collie et Bergers Britannique Club Luxembourg ASBL, Mme. Irma Nau, 31, Rue des 3 Cantons, L-8354 Garnich, Tel. 00352-38323; (DV) Union Cynologique Saint Hubert du Grand Duché du Luxembourg, Boite Postale 69, L-4901 Bascharage, Tel. 2-50 28 66.

Monaco

(DV) Société Canine de Monaco, Avenue d'Ostende 12, Palais des Congrés, MC-98000 Monte Carlo, Tel. 93-50 55 14.

Neuseeland

(DV) New Zealand Kennel Club, Prosser Street, Eldson, Private Bag 50903, Porirua, Tel. 4-2 37 44 89.

Niederlande

Collie: Schotse Herdershonden Vereniging „De Collieclub", Secr.: A. den Hartog, Coen Botrede 59, 2901 CE Capelle a/d Ijssel, Tel. 0031 10 4519292;
Sheltie: Nederlandse Sheltie Vereniging, Secr.: N.J.C. Rietberg-van Leeuwen, Rotterdamseweg 92, 3332 AK Zwijndrecht, Tel. 0031 78 6125253

(DV) Raad van Beheer of Kynologisch Gebied in Nederland, Postbus 75901, NL-1070 AX Amsterdam Z, Tel. 20-6 64 44 71.

Norwegen
Norsk Collie Klubb, Gondola Gundersen, Helgeshaugen 8, N-3517 Hønefoss, Tel. 00 47-32 12 09 98;
Norsk Shetland Sheepdog Klubb, Steinar Bækken, Smedhaugen 18, N-0754 Oslo, Tel. 00 47-22 50 37 27;
(DV) The Norwegian Kennel Club, Postgbox 163, Bryn, N-0611 Oslo, Tel. 00 47-22 65 60 00, Fax 0047-22 72 04 74.

Österreich
Österreichischer Club für Britische Hütehunde, Frau Margit Brenner, Danaufelder Straße 215, A-1222 Wien;
(DV) Österreichischer Kynologenverband, Johann Teufel-Gasse 8, A-1238 Wien, Tel. 1-88 70 92.

Polen
(DV) Zwiazek Kynologizny w Polsce, Nowy-Swiat 35, PL-00029 Varsovie, Tel. 22-26 05 74.

Rußland
Collie: Russian National Collie Club, Mr. D. Zavgorodny, Seliverstov per.1/26, Moscow, Russia, Tel./Fax;
Sheltie: Russian National Sheltie Club, Mr. u. Kulirarin, p.b. 1166, 109004 Moscow, Russia;
(DV) derzeit Vertragspartner der FCI: Russian Kynological Federation (RKF), 125015 P.B. 64, Moscow, Russia.

Schweden
(DV) Svenska Kennelklubben, Rinkebysvängen 70, S-16385 Spänga, Tel. 8-7 95 30 00.

Schweiz
Schweizerischer Collie Club, Herrr Kurt Wäschke, Vogelsang, CH-8514 Binegg;
Schweizer Shetland Sheepdog Club, Herr Peter Reber, Altikofenstraße 55, CH-3048 Worblaufen;
(DV) Schweizerische Kynologische Gesellschaft, Länggasstraße 8, CH-3001 Bern, Tel. 31-3 01 58 19.

Slowakische Republik
(DV) Slovenská Kynologická Jednota, Stefánikova 10, SR-81105 Bratislava, Tel. 42-7 49 22 98.

Slowenien
Kinoloska Zveza Slovenije, Illirska 27, SLO-61000 Ljubljana, Tel. +368-61 32 09 49, Fax +386-61 31 54 74.

Spanien
(DV) Real Sociedad Central de Fomento de las Razas Caninas en España, Los Madrazo 20-26, E-28014 Madrid, Tel. 1-5 22 24 00.

Südafrika
(DV) Kennel Union of South Africa, P.O. Box 2659, Cape Town 8000, Tel. 21-23 90 27.

Tschechische Republik
Klub Chovatelu Collie a Sheltie Praha, Mr. Stanislav Sys, Pisovicka 13, CZ-14300 Praha 4, Tel. 004 20-2-4 02 44 15;
(DV) Ceskomoravsk· Kynolgická unie, U Lékárny 597, P.O.Box 24, CS-156 00 Praha 5 – Zbraslav, Tel. 2 32 18 26.

Ungarn
British Sheepdog Club Hungary, Mr. Peter Harsanyi, Vörösmarti 50, H-2151 Fot, Tel. 00 36-27 36 21 06 oder 00 36-30-49 68 77;

(DV) Magyar Ebtenyéstök Orszagos Egyesülete, Tetényi út 128 b–130, H-116 Budapoest, Tel. 11-2 03 01 52.

USA

Collies: Collie Club of America, Inc., Secretary: Mrs. Carmen Louise Leonard, 1119 South Fleming Road, Woodstock, IL 600 98, Tel. (8 15) 3 37 03 23;

Shelties: American Shetland Sheepdog Association, Secretary: Mrs. Lyn Krivanek, 3010 Sentinel heights Road, La Fayette, NY 13084; (DV) Verwaltung: American Kennel Club, 5580 Centerview Drive, Raleigh, N.C. 27690-00643; Direktorium: American Kennel Club, 51, Madison Avenue, New York, NY 10010.

Literatur

Rassebezogene Bücher

BAKER, M., 1988: Shetland Sheepdogs today, Ringpress, Letchworth, Herts.

COLEMAN, C. E., 1943: The Shetland Sheepdog, Gallagher, Levine and Miller, New York.

DAVIS, M., 1973: Shetland Sheepdogs, Arthur Baker, London.

GWYNNE-JONES, O., 1958: The Shetland Sheepdog Handbook, Nicholson & Watson, London.

HERBERT, B. M. und J. M., 1961: The Shetland Sheepdog, Foyles, London.

HUNT, H., 1990: Rough Collies, Crowood Press, Marlsborough, Wilts.

MCKINNEY, B. J. and RIESEBERG, B. H., 1976: Sheltie Talk, Alpine, Loveland COL.

OSBORNE, M., 1978: The Collie, Popular Dogs, London.

OSBORNE, M., 1973: The Shetland Sheepdog, Popular Dogs, London.

RIDDLE, M., 1974: The Shetland Sheepdog, Howell, New York.

ROGERS, F. M., 1974: All about the Shetland Sheepdog, Pelham, London.

SHIEL, 1977: The Shetland Sheepdog, Bartholomew, Edinburgh and London.

THYNNE, B., 1990: The Shetland Sheepdog (Reprint von 1916), Dogs in Print, Hepworth, Huddersfield.

VANDERLIP, S. L., 1985: [Hundezucht – Therapie, Genetik für Tierärzte und Züchter am Beispiel Collie], Biotechnical Veterinary Consultants, Cardiff by the Sea, California 92007.

Aktuelle Literatur (der zurückliegenden 10 Jahre)

DAVIS, M., 1994: Shetland Sheepdog, Kynos, Mürlenbach.

EJERSTAD-CONTI, M., 1993: The Collie Standard, Selbstverlag, Rufina I.

HAHN, D. v., 1998: Collie und Sheltie richtig pflegen und verstehen, Gräfe und Unzer, München.

KRÄMER, E.-M. und FELDHOFF, M., 1992: Collie und Sheltie, Franckh-Kosmos, Stuttgart.

MOODY, J., 1990: Shetland Sheepdogs „The Sheltie, Bredicot, Spetchley.

RIEMANN, F. und K., 1993: Die Sheltie-Fibel, Selbstverlag, Lanhausen-Bremerhaven.

SCHAEFFER, H. und D., 1998/99: Verschiedene Beiträge zu Fragen um den Hund allgemein und den Collie im Besonderen im Internet.

Bücher zum Thema Hundeerziehung

GAIL, H., 1991: 1 × 1 der Hundeerziehung, Kynos Verlag Mürlenbach.

OCHSENBEIN, U., 1999: Der neue Weg der Hundeausbildung, Albert Müller, Rüschlikon.

SIVEKE, W., 1974: Die Frühsterziehung der Vorstehhunde, Otto Meißners Verlag, Bleckede.

WEIDT, H. und D. BERLOWITZ, 1994: Prägungsspieltage, Hrsg. Schweizerische Kynologische Gesellschaft (SKG), Verlag Paul Haupt, Bern.

WOODHOUSE, B., 1975: Hunde-Erziehung – leicht gemacht! Müller Rüschlikon, Zürich

Pflichtlektüre für Hundebesitzer

BEUTE-FABER, P. und R., 1992: Atlas der Hunde-Anatomie, Kynos Verlag, Mürlenbach.

BEYERSDORF, P., 1981: Dein Hund auf Ausstellungen, Paul Parey, Hamburg/Berlin

HIRSCH-REITER, R., 1998: Hirtenhunde, Selbstverlag Miramonte, A-4690 Schwanenstadt.

LORENZ, K., 1965: So kam der Mensch auf den Hund, dtv, München.

MORRIS, D., 1987: Dogwatching; Die Körpersprache des Hundes, Heyne, München.

PEPER, E., 1997: Gutes Handling – der bessere Weg zum Ausstellungserfolg, Kynos Verlag, Mürlenbach.

SPIRA, H. R., 1982: Canine Terminology, Howell Book House, New York.

STOCKMANN, F., 1985: Das Gangwerk des Hundes, Gollwitzer, Weiden.

TRUMLER, E., 1974: Hunde ernst genommen, Piper, München.

TRUMLER, E., 1974: Mit dem Hund auf Du, Piper, München.

Das sollte jeder Hundebesitzer lesen

BECKMANN, G. und S., 1994: Vom aufrechten Menschen zum Hundehalter, TG-Verlag U. Beuing, Gießen.

BROWN, C. M., 1986: Dog Locomotion and Gait Analysis, Hoflin Publishing, Wheat Ridge, Colorado.

COLE, R., 1987: The Basenji Stacked and Moving, Cole Books, 1336 Lexington Street, Ottawa Ontario, CDN.

HOLLENBECK, L., 1971: The Dynamics of Canine Gait, Denlinger's, Fairfax, Virginia.

MCDOWELL L., 1974: The Dog in Action, Howell Book House, New York.

TRUMLER, E., 1984: Das Jahr des Hundes, Kynos Verlag, Mürlenbach.

Bücher für werdende Züchter

FLEIG, D., 1992: Die Technik der Hundezucht, Kynos Verlag, Mürlenbach.

HAMAR, H., 1978: Hunde züchten mit Erfolg, Müller, Rüschlikon-Zürich.

RÄBER, H., 1968: Brevier neuzeitlicher Hundezucht, Haupt, Bern.

TRUMLER, E., 1982: Ein Hund wird geboren, Piper, München.

Verwendete Literatur

AMERICAN KENNEL CLUB, 1983: Duncan Barnes, The AKCís World of the Purebred Dog, Howell Book House, New York.

AMERICAN KENNEL CLUB, 1987: The Complete Dog Book, 17. Aufl., Howell Book House, New York.

BARTON, F. T., 1910: Our Dogs and all about them, Jarrold & Sons, London.

BUFFON, G.-L., 1749–1804: Leclerc Comte de, Histoire naturelle générale et particulaire, Paris.

BYLANDT, H. A. GRAAF VAN, 1904: Dogs of all Nations, Kluiver, Deventer.

CAIUS, J., 1880: Of Englishe Dogges, Cambridge, 1576, reprint Denlinger/Bradley, London.

CIRKER, B. (Hrsg.), 1962: 1800 Woodcuts by Thomas Bewick and his school, Dover Publications, New York.

DALZIEL, H., 1888: The Collie, L. L. Upcott Gill, London.

DANGERFIELD, S. und HOWELL, E., 1971: The International Encyclopedia of Dogs, Pelham, London.

DARWIN, C., 1872: The Variation of Animals and Plants under Domestication, London.

DENNIS, B., 1990: Die Haarfarben des Hundes, Österreichischer Kynologenverband, Wien.

EDWARDS, 1800: Sydenham Teak, Cynographia Britannica, Eigenverlag, London.

ENCYCLOPAEDIA BRITANNICA, 1999: Britannica online.

EVANS, J. M. and WHITE, K., 1998: Die Hündin, Kynos Verlag, Mürlenbach.

GILBERT, E. M., JR. and BROWN, T. R., 1955: K-9 Structure & Terminology, Howell Book House, New York.

GRAY, D. J. THOMSON, 1891: The Dogs of Scotland, James P. Mathew, Edinburgh and Glasgow.

HAGEN, A. GRÄFIN VOM, 1915: Die Hunderassen, Athenaion, Potsdam.

HART, M., 1925: Back to our roots, in: English Shetland Sheepdog Club Handbook.

HAUCK, E., 1966: Die Schäferhunde, Selbstverlag, Wien.

HUBBARD, C. L. B., 1948: Dogs in Britain, MacMillan & Co., London.

HUGO, T., 1879: Thomas Bewickís Woodcuts, L. Reeve and Co., London.

HUTCHINSON, 1934/1935: Dog Encyclopaedia, Hutchinson, London.

KOPERNIK, U. und MÜLLER, J., 1992: Der Pyrenäen-Schäferhund, Eigenverlag des Club Berger des Pyrénées, Hennef/Sieg.

KRÜGER, P., 1988: Gebiß und Zähne des Hundes (Abbildungen nach Budras/Fricke 1984), Vereinszeitung des Vereins für Deutsche Schäferhunde e. V., Teil 1 in Heft 2 v. 20. 02, Teil 2 in Heft 3 v. 20. 03., Teil 3 in Heft 4 v. 20. 04., 82. Jahrgang.

LANGER, U., 1989: Die Entwicklung des Shelties, in: 100 Jahre Club für Britische Hütehunde, Eigenverlag.

LANGER, U., 1992: Erstes Deutsches Sheltie-Handbuch, Selbstverlag, Am Esch 6, 36355 Grebenhain-Bermutshain.

LANGER, U., 1998: Zweites Deutsches Sheltie-Handbuch, Selbstverlag, Am Esch 6, 36355 Grebenhain-Bermutshain.

MARPLES, T., 1939: Prize Dogs, Our Dogs Publishing Company, Manchester.

MÜLLER, J., 1999: Der Blick zum Pyrenäen-Berghund, in: Pyrenäen-Post, Zeitschrift des Club Berger des Pyrénées 1983 e. V. im VDH, 17. Jg., Nr. 69, 2.

RÄBER, H., 1995: Enzyklopädie der Rassehunde, Franckh/Kosmos Verlag, Stuttgart.

SCHAEFFER, D., Diverse Veröffentlichungen im Internet, Adresse: http://www.hunde-welt.de/schaffer/gindex.htm

Schweizerische Kynologische Gesellschaft, 1983: 100 Jahre Schweizerische Kynologische Gesellschaft (SKG), Bern.

SPIRA, H., 1982: Canine Terminology, Howell Book House Inc., New York.

STREBEL, 1895: Geschichte und Beschreibung der Rassen des Hundes, Vieweg und Sohn, Braunschweig.

VESEY-FITZGERALD, B. (Hrsg.), 1948: The Book of the Dog, Nicholson & Watson, London.

WEIDT, H. und BERLOWITZ, D., 1999: Sinn und Unsinn von Wesensprüfungen, in: Unser Labrador, Labrador Club Deutschland e. V., Juni.

WOODS, J. G. REV., um 1862: Natural History, London.

Bücher zur Genetik
SCHLEGER, W. und STUR, I., 1986: Hundezüchtung in Theorie und Praxis, Jugend & Volk, Wien.
WILLIS, M. B., 1994: Genetik der Hundezucht, Kynos Verlag, Mürlenbach.

Weiterführende Literatur aus dem Parey Buchverlag

ASKEW, H. R., 1997: Behandlung von Verhaltensproblemen bei Hund und Katze – Ein Leitfaden für die tierärztliche Praxis.
BEYERSDORF, P., 1997: Dein Hund auf Ausstellungen. 3. Auflage.
BRUNNBERG, L., 1999: Lahmheitsdiagnostik beim Hund. Untersuchung – Diagnose – Therapiehinweise.
GASKELL, R., BENNET, M., 1999: Infektionskrankheiten bei Hund und Katze.
KOBER, U., PEPER, W., 1995: Pareys Hundebuch. 2. Auflage.
KRAFT, W. (Hrsg.), 1998: Geriatrie bei Hund und Katze.
KRINGS, M., PEPER, E., 1996: Der kindersichere Hund – Freund, Besitzer, Spielgefährte.
LINNMANN, S. M., 1998: Die Hüftgelenksdysplasie des Hundes.
MEYER, G., MEYER, H., 1998: 25 Hundeporträts.
MEYER, H., ZENTEK, J., 1998: Ernährung des Hundes – Grundlagen, Fütterungspraxis, Diätetik. 3. Auflage.
PATERSON, S., 2000: Hauterkrankungen des Hundes.
SCHOKE, TH. A., 1998: Erziehung und Ausbildung des Hundes.
SCHOKE, TH. A., 1998: Hundeausbildung – modern, artgerecht, erfolgreich.
WEIDT, H., 1996: Der Hund, mit dem wir leben: Verhalten und Wesen. 3. Auflage.

Bildnachweis

Titelbild
Tricolour-Collie-Rüde „Ilia O'the Highlands" und zobel-weißer Sheltierüde „Mehalah Merry Man" Foto: roberto

Frontispiz: „Sheepdogs", aus Sydenham Teak Edwards Buch „Cynographia Britannica", 1800

HUNDE

Tiere verstehen lernen... natürlich mit Parey!

Wie kein anderes Haustier läßt sich ein Hund in eine Familie integrieren. ***Kinder lernen im Umgang mit ihm Verantwortung, erfahren Zuwendung und erkennen ihre Grenzen****. Diese Beziehung kann sich indessen nur glücklich entfalten, wenn wir den richtigen Hund als Begleiter und Freund wählen und sachkundig die Gefahren ausschalten, die von einem Hund nun mal ausgehen können.*

Dieses Buch bietet ein Programm zur optimalen Gestaltung der Beziehung Kind-Hund. »Optimal« heißt: Das menschen- und hundemögliche zu üben, das zum ***gegenseitigen Verstehen*** *notwendig ist und* ***Risiken minimiert****. Dazu gehört nicht nur der Schutz des Kindes, sondern auch der Respekt vor der »Persönlichkeit« des Hundes. Ein Kind, das durch die Eltern bereits den richtigen Umgang mit dem Hund lernt, gerät am wenigsten in Gefahr.*

Insofern wenden sich die Tips zum vertrauensvollen Umgang mit Hunden auch an Familien, in denen keine Hunde leben. Hunde sind überall, sie sind aus unserer Lebenswelt nicht wegzudenken. Hunde richtig einschätzen und sich entsprechend verhalten zu lernen, ist kaum weniger wichtig als Verkehrserziehung.

Metty Krings, Elke Peper

Der kindersichere Hund

Freund · Beschützer · Spielgefährte

1996. 120 Seiten mit 76 farbigen Abbildungen.
15 x 19,7 cm. Gebunden.
DM 29,80 / € 15,24 / öS 218,– / sFr 27,50
ISBN 3-8263-8407-5

Preisstand: 1.11.2000

Parey Buchverlag Berlin

Kurfürstendamm 57
D-10707 Berlin
Telefon
(030) 32 79 06 - 59
Telefax
(030) 32 79 06 - 10

e-mail
parey@blackwis.de

Internet
www.parey.de

Modernes Wissen: **PAREY BUCHVERLAG**